Aprender Inglés Para Principiantes En 6 Meses Sin Ir A Clases!

Aprende Inglés Escuchando En Tu Coche O Mientras Duermes

Contiene Más De 1000 Frases En Inglés, Facil E Intermedio!

Ser Fluido!

Lexicon Languages Audiobooks

Table of Contents

Saludos Básicos y Deseos Cordiales
Frases Básicas para el Viaje
En el Restaurante
Lugares de Estadía
De Compras
Frases de Conversación 1
Frases de Conversación 2
Frases de Conversación 3
Frases de Conversación 4
Hablando del Clima
Religión
Expresiones
Tiempo y Medidas
En una Cita
En la Oficina de Correos
En el Banco
Negocios
En la Peluquería
Emergencias/ Medicina
Escuela/ Estudios
Entendiendo Señales/ Carteles
Esquí
Día en la Playa
Hablando de la Casa

Saludos Básicos y Deseos Cordiales

- Hola - Hi
- Hola - Hi
- Buen Día - Good Morning
- Buen Día - Good Morning
- Buenas noches - Good evening
- Buenas noches - Good evening
- Bienvenido/a - Welcome!
- ¡Bienvenido/a! - Welcome!
- ¿Cómo estás? - How are you?
- ¿Cómo estás? - How are you?
- Estoy bien, ¡Gracias! - I'm fine, thanks!
- Estoy bien, ¡Gracias! - I'm fine, thanks!
- ¿Y tú? - And you?
- ¿Y tú? - And you?
- Gracias - Thank you
- Gracias - Thank you
- De nada - You're welcome
- De nada - You're welcome
- ¡Hola, amigo/a! - Hey! Friend!

- ¡Hola, amigo/a! - Hey! Friend!
- ¡Te extrañé mucho! - I missed you so much!
- ¡Te extrañé mucho! - I missed you so much!
- ¿Qué hay de nuevo? - What's new?
- ¿Qué hay de nuevo? - What's new?
- No mucho - Nothing much
- No mucho - Nothing much
- ¡Hasta luego! - See you later!
- ¡Hasta luego! - See you later!
- ¡Adiós! - Goodbye!
- ¡Adiós! - Goodbye!
- ¡Buenas noches y dulces sueños! - Good night and sweet dreams!
- ¡Buenas noches y dulces sueños! - Good night and sweet dreams!
- ¡Ten un buen viaje!- Have a good trip!
- ¡Ten un buen viaje!- Have a good trip!
- ¡Felicidades!- Congratulations!
- ¡Felicidades!- Congratulations!
- ¡Que te vaya muy bien! - Best wishes!
- ¡Que te vaya muy bien! - Best wishes!
- ¡Hasta la próxima! - Til next time
- ¡Hasta la próxima! - Til next time
- Mis pensamientos están contigo - My thoughts are with you
- Mis pensamientos están contigo - My thoughts are with you
- ¡Felicidades graduado/a! - Congrats grad!
- ¡Felicidades graduado/a! - Congrats grad!
- ¡Felicidades a los recién comprometidos! - Congrats to the newly engaged!
- ¡Felicidades a los recién comprometidos! - Congrats to the newly engaged!
- ¡Diviértete! - Have fun!
- ¡Diviértete! - Have fun!
- ¡Mucho amor! - Lots of love!
- ¡Mucho amor! - Lots of love!
- ¡Cuídate! - Take care!
- ¡Cuídate! - Take care!

- Los mejores deseos de parte de... - Best wishes from...
- Los mejores deseos de parte de... - Best wishes from...
- Los mejores deseos para... - Best wishes to...
- Los mejores deseos para... - Best wishes to...
- ¡Con simpatía! - With sympathy!
- ¡Con simpatía! - With sympathy!

Frases Básicas para el Viaje

- No entiendo - I don't understand.
- No entiendo - I don't understand.
- No hablo inglés. - I don't speak English.

- No hablo inglés. - I don't speak English.

- No hablo muy bien el inglés. - I don't speak English very well.

- No hablo muy bien el inglés. - I don't speak English very well.
- ¿Hablas español? - Do you speak Spanish?
- ¿Hablas español? - Do you speak Spanish?
- ¿Alguna persona aquí habla español?- Does anyone here speak Spanish?
- ¿Alguna persona aquí habla español?- Does anyone here speak Spanish?
- Disculpa, ¿Qué has dicho? - Excuse me, what did you say?
- Disculpa, ¿Qué has dicho? - Excuse me, what did you say?
- Siempre me pongo nervioso/a cuando hablo en inglés. - I always get nervous when I speak English.
- Siempre me pongo nervioso/a cuando hablo en inglés. - I always get nervous when I speak English.
- Te entiendo muy bien. - I understand you very well.
- Te entiendo muy bien. - I understand you very well.
- Por favor, habla más lento. - Speak slowly, please.

- Por favor, habla más lento. - Speak slowly, please.
- Por favor, repita. - Repeat, please.
- Por favor, repita. - Repeat, please.
- ¿Eso qué significa? - What does that mean?
- ¿Eso qué significa? - What does that mean?
- Por favor escribe eso para mí - Please write that down for me
- Por favor escribe eso para mí - Please write that down for me
- ¿Podrías decir eso otra vez por favor? - Could you say that again please?
- ¿Podrías decir eso otra vez por favor? - Could you say that again please?
- No lo sé - I don't know
- No lo sé - I don't know
- Lo lamento - I'm sorry
- Lo lamento - I'm sorry
- ¿Cómo te llamas? - What's your name?
- ¿Cómo te llamas? - What's your name?
- ¿Cómo estás? - How are you?
- ¿Cómo estás? - How are you?
- Llama a la azafata, por favor. - Call the flight attendant, please.
- Llama a la azafata, por favor. - Call the flight attendant, please.
- ¿Dónde está el metro? - Where is the subway?
- ¿Dónde está el metro? - Where is the subway?
- ¿Dónde está el baño? - Where is the bathroom?
- ¿Dónde está el baño? - Where is the bathroom?
- ¿Podrías ayudarme? - Can you help me?
- ¿Podrías ayudarme? - Can you help me?
- ¿Puedo conectarme al internet? - Can I get on the internet?
- ¿Puedo conectarme al internet? - Can I get on the internet?
- ¿Cuánto cuesta eso? - How much does that cost?
- ¿Cuánto cuesta eso? - How much does that cost?
- Estoy perdido/a - I'm lost
- Estoy perdido/a - I'm lost
- ¿Puedo usar tu teléfono? - Can I use your phone?
- ¿Puedo usar tu teléfono? - Can I use your phone?
- ¿Cómo puedo llegar allí? - How can I get there?
- ¿Cómo puedo llegar allí? - How can I get there?

- ¿Puedes mostrarme en el mapa? - Can you show me on the map?
- ¿Puedes mostrarme en el mapa? - Can you show me on the map?
- ¿Dónde está la estación de tren? - Where is the train station?
- ¿Dónde está la estación de tren? - Where is the train station?
- ¿Dónde puedo comprar boletos? - Where can I buy tickets?
- ¿Dónde puedo comprar boletos? - Where can I buy tickets?
- Quisiera comprar un boleto a (Nueva York.) - I would like to buy a ticket to (New York).
- Quisiera comprar un boleto a (Nueva York.) - I would like to buy a ticket to (New York).
- ¿A qué hora viene el último tren? - What time does the last train come?
- ¿A qué hora viene el último tren? - What time does the last train come?
- El tren está demorado. - The train is late.
- El tren está demorado. - The train is late.
- ¿Cuánto tiempo dura el viaje? - How long does the trip take?
- ¿Cuánto tiempo dura el viaje? - How long does the trip take?
- ¿Cuál es la siguiente parada? - What is the next stop?
- ¿Cuál es la siguiente parada? - What is the next stop?
- Quisiera rentar un auto. - I would like to rent a car.
- Quisiera rentar un auto. - I would like to rent a car.
- Debo cancelar mi reservación. - I have to cancel my reservation.
- Debo cancelar mi reservación. - I have to cancel my reservation.
- ¿Cómo llego al aeropuerto? - How do I get to the airport?
- ¿Cómo llego al aeropuerto? - How do I get to the airport?
- Quisiera tomar un taxi - I would like to get a taxi.
- Quisiera tomar un taxi - I would like to get a taxi.
- ¿De qué plataforma saldrá mi tren? - What platform is my train leaving from?
- ¿De qué plataforma saldrá mi tren? - What platform is my train leaving from?
- El conductor siempre activa el tren. - The conductor activates the train.
- El conductor siempre activa el tren. - The conductor activates the train.
- El conductor te ayudará a encontrar tu asiento. - The conductor will help

you find your seat.
- El conductor te ayudará a encontrar tu asiento. - The conductor will you find your seat.
- ¡Estoy con apuro! - I'm in a hurry!
- ¡Estoy con apuro! - I'm in a hurry!
- Deténgase aquí, ¡Por favor! - Stop here, please!
- Deténgase aquí, ¡Por favor! - Stop here, please!
- ¿Cuánto le debo? - How much do I owe you?
- ¿Cuánto le debo? - How much do I owe you?
- ¿Acepta dólares? - Do you accept dollars?
- ¿Acepta dólares? - Do you accept dollars?
- ¿Acepta libras esterlinas? - Do you accept British pounds?
- ¿Acepta libras esterlinas? - Do you accept British pounds?
- ¿Puede cambiarme dinero? - Can you change money for me?
- ¿Puede cambiarme dinero? - Can you change money for me?
- ¿Puede cambiarme libras esterlinas? - Can you change British pou for me?
- ¿Puede cambiar me libras esterlinas? - Can you change British pou for me?
- ¿Puede cambiarme dólares americanos? -Can you change America dollars for me?
- ¿Puede cambiarme dólares americanos? -Can you change America dollars for me?
- ¿Dónde puedo cambiar dinero? - Where can I get money changed?
- ¿Dónde puedo cambiar dinero? - Where can I get money changed?
- ¿Dónde puedo cambiar dinero extranjero? - Where can I get foreign money changed?
- ¿Dónde puedo cambiar dinero extranjero? - Where can I get foreign money changed?
- ¿Cuál es la tasa de cambio? - What is the exchange rate?
- ¿Cuál es la tasa de cambio? - What is the exchange rate?
- ¿Hay alguna comisión? - Is there commission?
- ¿Hay alguna comisión? - Is there commission?
- ¿Qué fecha es hoy? - What is today's date?
- ¿Qué fecha es hoy? - What is today's date?
- ¿Dónde está el cajero automático (ATM)? - Where is an automatic te machine (ATM)?

- ¿Dónde está el cajero automático (ATM)? - Where is an automatic teller machine (ATM)?
- ¿Dónde puedo encontrar la exhibición de arte? - Where can I find the art exhibition?
- ¿Dónde puedo encontrar la exhibición de arte? - Where can I find the art exhibition?
- ¿Dónde puedo encontrar la oficina de objetos perdidos? -Where can I find the lost property office?
- ¿Dónde puedo encontrar la oficina de objetos perdidos? -Where can I find the lost property office?
- ¿Dónde puedo encontrar baños públicos? - Where can I find public restrooms?
- ¿Dónde puedo encontrar baños públicos? - Where can I find public restrooms?
- ¿Puedo obetener un seguro? - Can I get insurance?
- ¿Puedo obetener un seguro? - Can I get insurance?
- ¿Puedo llegar a pie? - Is it within walking distance?
- ¿Puedo llegar a pie? - Is it within walking distance?
- Hola, estoy intentando encontrar mi Airbnb. Aquí está la dirección. - Hi, I'm trying to find my Airbnb. Here's the address.
- Hola, estoy intentando encontrar mi Airbnb. Aquí está la dirección. - Hi, I'm trying to find my Airbnb. Here's the address.
- ¿Cómo puedo llegar a Times Square? - How can I reach the Times Square?
- ¿Cómo puedo llegar a Times Square? - How can I reach the Times Square?
- Disculpe, ¿Dónde ha comprado ese helado? - Excuse me, where did you buy that ice cream?
- Disculpe, ¿Dónde ha comprado ese helado? - Excuse me, where did you buy that ice cream?
- ¿Puedes recomendarme un buen bar cerca de esta área? - Can you recommend a cool bar near this area?
- ¿Puedes recomendarme un buen bar cerca de esta área? - Can you

recommend a cool bar near this area?
- Disculpe, puede decirme dónde está el Museo de Historia Natural? - Excuse me, can you tell me where the Museum Of Natural History is?
- Disculpe, puede decirme dónde está el Museo de Historia Natural? - Excuse me, can you tell me where the Museum Of Natural History is?
- Ciertamente. Continúe derecho hasta llegar al final del camino... - Certainly. Go straight on until you reach the end of the road...
- Ciertamente. Continúe derecho hasta llegar al final del camino... - Certainly. Go straight on until you reach the end of the road...
- Luego doble a la derecha. - Then turn right.
- Luego doble a la derecha. - Then turn right.
- ¿La biblioteca está lejos de aquí? - Is the library far from here?
- ¿La biblioteca está lejos de aquí? - Is the library far from here?
- Toma alrededor de diez minutos. - It takes about ten minutes.
- Toma alrededor de diez minutos. - It takes about ten minutes.
- ¿Cuántas paradas son hasta que lleguemos a ...? -How many stops before we arrive in ...?
- ¿Cuántas paradas son hasta que lleguemos a ...? -How many stops before we arrive in ...?
- ¿Puedo estacionar aquí? - Can I park here?
- ¿Puedo estacionar aquí? - Can I park here?
- ¿Dónde está el parquímetro? - Where is the parking meter?
- ¿Dónde está el parquímetro? - Where is the parking meter?
- ¿Es ésta la entrada al museo? - Is this the entrance for the museum?
- ¿Es ésta la entrada al museo? - Is this the entrance for the museum?
- Un boleto a Cincinnati por favor. - A single ticket for Cincinnati please
- Un boleto a Cincinnati por favor. - A single ticket for Cincinnati please
- Un boleto de vuelta para Seattle, por favor. - A return ticket for Seattle please.
- Un boleto de vuelta para Seattle, por favor. - A return ticket for Seattle please.
- ¿Hay algún asiento para no-fumadores? - Is there a non-smoking seat?
- ¿Hay algún asiento para no-fumadores? - Is there a non-smoking seat?

- ¿El tren tiene un vagón restaurante? - Does the train have a dining-car?
- ¿El tren tiene un vagón restaurante? - Does the train have a dining-car?
- ¿Qué tan frecuentes son los autobuses? - How frequent are the buses?

- ¿Qué tan frecuentes son los autobuses? - How frequent are the buses?
- Este asiento está ocupado. - This seat is taken.
- Este asiento está ocupado. - This seat is taken.
- Tengo una avería. - I have broken down.
- Tengo una avería. - I have broken down.
- Veinte litros de gasolina sin plomo, por favor. - Twenty litres of unleaded, please.
- Veinte litros de gasolina sin plomo, por favor. - Twenty litres of unleaded, please.
- Llene el tanque, por favor. - Fill the tank up, please.
- Llene el tanque, por favor. - Fill the tank up, please.
- Por favor revise el nivel de aceite. - Please check the oil level.
- Por favor revise el nivel de aceite. - Please check the oil level.
- Por favor revise los neumáticos. - Please check the tires.
- Por favor revise los neumáticos. - Please check the tires.

En el Restaurante

- Un cappuccino, por favor - A cappuccino, please
- Un cappuccino, por favor - A cappuccino, please
- Un vaso de agua mineral, por favor - A glass of mineral water, please
- Un vaso de agua mineral, por favor - A glass of mineral water, please

- ¿Nos traería la cuenta, por favor? - Will you bring us the bill please?
- ¿Nos traería la cuenta, por favor? - Will you bring us the bill please?
- ¿Tiene una mesa para dos? - Do you have a table for two?
- ¿Tiene una mesa para dos? - Do you have a table for two?
- ¿Cuáles son las especialidades de la casa? - What are your specialities?
- ¿Cuáles son las especialidades de la casa? - What are your specialities?
- ¿Está picante la salsa? - Is the sauce spicy?
- ¿Está picante la salsa? - Is the sauce spicy?
- ¿Qué puedes recomendar? - What can you recommend?
- ¿Qué puedes recomendar? - What can you recommend?
- Quisiera... - I would like...
- Quisiera... - I would like...
- Quisiera pagar, por favor. - I would like to pay, please.
- Quisiera pagar, por favor. - I would like to pay, please.
- Soy vegetariano/a - I'm a vegetarian
- Soy vegetariano/a - I'm a vegetarian
- No puedo comer platos que contengan gluten. - I can't eat dishes that contain gluten.
- No puedo comer platos que contengan gluten. - I can't eat dishes that contain gluten.
- Con hielo - With ice
- Con hielo - With ice
- Sin hielo - Without ice
- Sin hielo - Without ice

- ¿Tienes de barril? - What do you have on tap?
- ¿Tienes de barril? - What do you have on tap?
- ¿Qué cervezas ligeras tienes? - What light beers do you have?

- ¿Qué cervezas ligeras tienes? - What light beers do you have?
- ¿Qué cervezas oscuras tienes? - What dark beers do you have?
- ¿Qué cervezas oscuras tienes? - What dark beers do you have?
- Quisiera beber algo sin alcohol. -I would like something non-alcoholic to drink.
- Quisiera beber algo sin alcohol. -I would like something non-alcoholic to drink.
- Quédese con el cambio. - Keep the change.
- Quédese con el cambio. - Keep the change.
- ¿Todavía está sirviendo bebidas? - Are you still serving drinks?
- ¿Todavía está sirviendo bebidas? - Are you still serving drinks?
- Una mesa para cuatro - A table for four
- Una mesa para cuatro - A table for four
- ¿Podría ver la lista de vinos? - Could I have the wine list?
- ¿Podría ver la lista de vinos? - Could I have the wine list?
- ¿Podría ver el menú de postres? - Could I have the dessert menu?
- ¿Podría ver el menú de postres? - Could I have the dessert menu?
- Soy vegano/a - I am a vegan
- Soy vegano/a - I am a vegan

- No como cerdo - I don't eat pork
- No como cerdo - I don't eat pork
- ¿Demorará mucho nuestra comida? - Will our food take long?
- ¿Demorará mucho nuestra comida? - Will our food take long?
- No, no tenemos una reservación - No, we don't have a reservation
- No, no tenemos una reservación - No, we don't have a reservation
- Quisiera hacer una reservación. - I'd like to make a reservation.
- Quisiera hacer una reservación. - I'd like to make a reservation.
- ¿Todavía sigue abierto? - Are you open yet?
- ¿Todavía sigue abierto? - Are you open yet?
- ¿Podemos sentarnos allí? - Can we sit over there?
- ¿Podemos sentarnos allí? - Can we sit over there?
- Sólo como comida kosher. - I only eat kosher food.

- Sólo como comida kosher. - I only eat kosher food.
- Disculpe, camarero? - Excuse me, waiter?
- Disculpe, camarero? - Excuse me, waiter?
- Estaba delicioso. - It was delicious.
- Estaba delicioso. - It was delicious.
- ¿Tienes bocadillos de bar? - Do you have any bar snacks?
- ¿Tienes bocadillos de bar? - Do you have any bar snacks?
- Uno más, por favor. - One more, please. • Uno más, por favor. - One more, please. • Otra ronda, por favor. - Another round, please.

- Otra ronda, por favor. - Another round, please.
- ¡Disfrute su comida! - Enjoy your meal!
- ¡Disfrute su comida! - Enjoy your meal!
- ¿Dónde hay un restaurante casual? - Where is a casual restaurant?
- ¿Dónde hay un restaurante casual? - Where is a casual restaurant?
- ¡Comamos! - Let's eat!
- ¡Comamos! - Let's eat!
- Pásame la sal - Pass the salt
- Pásame la sal - Pass the salt
- ¿Puedo probar? - Can I have a taste?
- ¿Puedo probar? - Can I have a taste?
- Disculpe, ¿Podemos ver el menú? - Excuse me, can we have the menu?
- Disculpe, ¿Podemos ver el menú? - Excuse me, can we have the menu?
- Una copa de vino tinto. - A glass of red wine.
- Una copa de vino tinto. - A glass of red wine.
- ¿Y qué te gustaría beber? - And what would you like to drink?
- ¿Y qué te gustaría beber? - And what would you like to drink?
- ¡Yo invito! - It's on me!
- ¡Yo invito! - It's on me!

- ¿Podemos desayunar? - Can we have breakfast?
- ¿Podemos desayunar? - Can we have breakfast?

- Como primer plato tendré ... - As a first course I'll have ...
- Como primer plato tendré ... - As a first course I'll have ...
- Más pan, por favor - More bread, please
- Más pan, por favor - More bread, please
- Eso es suficiente, gracias - That's enough, thanks
- Eso es suficiente, gracias - That's enough, thanks
- Esto no está bien cocido - This isn't properly cooked
- Esto no está bien cocido - This isn't properly cooked
- Estoy hambriento/a, ¿Hay algún restaurante? - I am hungry. Is there a restaurant?
- Estoy hambriento/a, ¿Hay algún restaurante? - I am hungry. Is there a restaurant?
- Estoy sediento/a, ¿Hay alguna fuente? - I am thirsty. Is there a fountain?
- Estoy sediento/a, ¿Hay alguna fuente? - I am thirsty. Is there a fountain?
- ¡No dejes caer la tetera! - Don't drop the teapot! • ¡No dejes caer la tetera! - Don't drop the teapot! • ¿Puedes pasarme los palitos de pan? - Can you pass me the bread-sticks?

- ¿Puedes pasarme los palitos de pan? - Can you pass me the bread-sticks?

- ¿Sabes usar los palillos? - Are you good with chopsticks?
- ¿Sabes usar los palillos? - Are you good with chopsticks?
- Una comida digna de un rey - A meal fit for a king
- Una comida digna de un rey - A meal fit for a king
- ¿Alguien quiere segundos? - Does anyone want seconds?
- ¿Alguien quiere segundos? - Does anyone want seconds?
- Bebí demasiado café - I had too much coffee
- Bebí demasiado café - I had too much coffee
- He volcado café sobre mí mismo/a- I spilled coffee on myself
- He volcado café sobre mí mismo/a- I spilled coffee on myself
- ¿Quedan patatas fritas? - Are there any chips left?
- ¿Quedan patatas fritas? - Are there any chips left?
- Déjame servirte un trago - Let me pour you a drink
- Déjame servirte un trago - Let me pour you a drink
- Esta carne está muy deliciosa. - This beef is very delicious.
- Esta carne está muy deliciosa. - This beef is very delicious.
- Las opciones de esta noche son carne o pollo. - Tonight's choices are beef or chic
- Las opciones de esta noche son carne o pollo. - Tonight's choices ar beef or chicken.
- Carne como plato principal - Beef for the main course
- Carne como plato principal - Beef for the main course
- Usamos nuestra mesa de cenar sólo para comidas formales -We on use our dinner table for formal meals.
- Usamos nuestra mesa de cenar sólo para comidas formales -We on use our dinner table for formal meals.
- ¿Un tomate es una fruta o un vegetal? - Is a tomato a fruit or a vegetable?
- ¿Un tomate es una fruta o un vegetal? - Is a tomato a fruit or a vegetable?
- Los tomates son frutas. - Tomatoes are fruit.
- Los tomates son frutas. - Tomatoes are fruit.
- Un tomate muy maduro - Ripe red tomato
- Un tomate muy maduro - Ripe red tomato

- Cuando cocino cerdo, me gusta saltearlo en una sartén. -When I make pork, I like to saute it in a pan.
- Cuando cocino cerdo, me gusta saltearlo en una sartén. -When I make pork, I like to saute it in a pan.
- Saltear cebollas - Saute onions
- Saltear cebollas - Saute onions
- Barra de manteca y rodajas de manteca - Stick of butter and slices of butter
- Barra de manteca y rodajas de manteca - Stick of butter and slices of butter
- Siempre uso un cuchillo para trinchar cuando sirvo pavo - I always use a carving knife when I serve turkey.
- Siempre uso un cuchillo para trinchar cuando sirvo pavo - I always use a carving knife when I serve turkey.
- Hierbas aromáticas y especias - Aromatic herbs and spices
- Hierbas aromáticas y especias - Aromatic herbs and spices
- Una variedad de especias - Variety of spices
- Una variedad de especias - Variety of spices
- Comí cinco donas. - I ate five doughnuts.
- Comí cinco donas. - I ate five doughnuts.
- Productos horneados en una panadería - Baked goods at a bakery
- Productos horneados en una panadería - Baked goods at a bakery
- Me gustaría un buen café - A good coffee would please me
- Me gustaría un buen café - A good coffee would please me
- ¿Te ha satisfecho el helado? - Did the ice cream please you?
- ¿Te ha satisfecho el helado? - Did the ice cream please you?

Lugares de Estadía

- ¿Hay algo más económico? - Is there anything cheaper?
- ¿Hay algo más económico? - Is there anything cheaper?
- ¿El precio incluye desayuno? - Does the price include breakfast?

- ¿El precio incluye desayuno? - Does the price include breakfast?
- ¿Cuál es la clave del WiFi? - What is the WiFi password?
- ¿Cuál es la clave del WiFi? - What is the WiFi password?
- Perdí mi llave. - I lost my key.
- Perdí mi llave. - I lost my key.
- Estoy bloqueado/a para entrar a mi habitación. - I'm locked out of my room.
- Estoy bloqueado/a para entrar a mi habitación. - I'm locked out of my room.
- Puedes darme un recibo, ¿Por favor? - Can you give me a receipt, please?
- Puedes darme un recibo, ¿Por favor? - Can you give me a receipt, please?
- ¿Podemos dejar nuestros bolsos aquí hasta las (2PM)? -Can we leave our bags here until (2PM)?
- ¿Podemos dejar nuestros bolsos aquí hasta las (2PM)? -Can we leave our bags here until (2PM)?
- ¿Podemos pagar con tarjeta de crédito? - Can we pay by credit card?
- ¿Podemos pagar con tarjeta de crédito? - Can we pay by credit card?
- ¿A qué hora es la salida? - What time is check out?
- ¿A qué hora es la salida? - What time is check out?
- ¿Cómo funciona la lavadora? - How does the washer work?
- ¿Cómo funciona la lavadora? - How does the washer work?
- ¿Hay alguna plancha? - Is there an iron?
- ¿Hay alguna plancha? - Is there an iron?
- ¿Puedo pagar con mi tarjeta de débito? - Can I pay with my debit card?
- ¿Puedo pagar con mi tarjeta de débito? - Can I pay with my debit card?
- Sólo aceptamos efectivo. - We only accept cash.
- Sólo aceptamos efectivo. - We only accept cash.
- ¿Tiene alguna vacanta? - Do you have any vacancies?
- ¿Tiene alguna vacanta? - Do you have any vacancies?
- Tengo una reservación - I have a reservation
- Tengo una reservación - I have a reservation

- ¿Cuánto es por noche? - How much is it per night?
- ¿Cuánto es por noche? - How much is it per night?
- ¿Necesita nuestros pasaportes? - Do you need our passports?
- ¿Necesita nuestros pasaportes? - Do you need our passports?
- Aquí está mi pasaporte- Here is my passport
- Aquí está mi pasaporte- Here is my passport
- ¿Hay un ascensor? - Is there an elevator?
- ¿Hay un ascensor? - Is there an elevator?
- ¿Puedo ver la habitación primero? - May I see the room first?
- ¿Puedo ver la habitación primero? - May I see the room first?
- ¿Tienes algo más tranquilo? - Do you have anything quieter?
- ¿Tienes algo más tranquilo? - Do you have anything quieter?
- De acuerdo, lo tomo. - OK, I'll take it.
- De acuerdo, lo tomo. - OK, I'll take it.
- ¿Tienes una caja fuerte? - Do you have a safe?
- ¿Tienes una caja fuerte? - Do you have a safe?
- ¿Hay aire acondicionado? - Is there air conditioning?
- ¿Hay aire acondicionado? - Is there air conditioning?
- El aire acondicionado no funciona - The air conditioning does not work
- El aire acondicionado no funciona - The air conditioning does not work
- ¿Me daría una almohada adicional? - Will you give me an extra pillow?
- ¿Me daría una almohada adicional? - Will you give me an extra pillow?
- ¿Quisiera un poco de papel higiénico? - I'd like some toilet paper?
- ¿Quisiera un poco de papel higiénico? - I'd like some toilet paper?
- Necesito contactar a mi hotel - I need to contact my hotel

- Necesito contactar a mi hotel - I need to contact my hotel
- ¿Tienes espacio para una tienda de campaña? - Do you have room for a tent?
- ¿Tienes espacio para una tienda de campaña? - Do you have room for a tent?

- ¿Tienes espacio para una caravana? - Do you have room for a caravan?
- ¿Tienes espacio para una caravana? - Do you have room for a caravan?
- ¿Dónde está el bloque del baño/ducha? - Where's the toilet/shower block?
- ¿Dónde está el bloque del baño/ducha? - Where's the toilet/shower block?
- ¿Hay alguna conexión eléctrica para nuestra caravana? - Is there a electric connection for our caravan?
- ¿Hay alguna conexión eléctrica para nuestra caravana? - Is there a electric connection for our caravan?
- Lo siento, no tenemos más habitaciones disponibles - I am sorry, we have no more rooms available
- Lo siento, no tenemos más habitaciones disponibles - I am sorry, we have no more rooms available
- Tenemos todo reservado - We are fully booked
- Tenemos todo reservado - We are fully booked
- La conexión a internet sólo funciona en el vestíbulo - The Internet connection only works in the lobby
- La conexión a internet sólo funciona en el vestíbulo - The Internet connection only works in the lobby
- Siempre hay alguien en la recepción - There's always somebody at reception desk
- Siempre hay alguien en la recepción - There's always somebody at the reception desk
- ¿Tiene un servicio de transporte desde/hacia el aeropuerto? - Do you have a shuttle service from/to the airport?
- ¿Tiene un servicio de transporte desde/hacia el aeropuerto? - Do you have a shuttle service from/to the airport?
- Quisiera pagar ahora - I would like to pay now
- Quisiera pagar ahora - I would like to pay now
- ¿Podrías por favor revisar si he pagado todo? - Could you please check if I have paid everything?
- ¿Podrías por favor revisar si he pagado todo? - Could you please check if I have paid everything?

- ¿Hay algún lugar para acampar? - Is there a camping ground?
- ¿Hay algún lugar para acampar? - Is there a camping ground?
- ¿Hay algún albergue juvenil? - Is there a youth hostel?
- ¿Hay algún albergue juvenil? - Is there a youth hostel?
- ¿Hay algún motel? - Is there a motel?
- ¿Hay algún motel? - Is there a motel?
- ¿Podrías recomendarme un hotel barato? - Could you recommend an inexpensive hotel?
- ¿Podrías recomendarme un hotel barato? - Could you recommend an inexpensive hotel?
- ¿Podrías recomendarme un hotel familiar? - Could you recommend a family-friendly hotel?
- ¿Podrías recomendarme un hotel familiar? - Could you recommend a family-friendly hotel?
- ¿Hay alguna parada de autobús cerca del hotel? - Is there a bus stop close to the hotel?
- ¿Hay alguna parada de autobús cerca del hotel? - Is there a bus stop close to the hotel?

De Compras

- Sólo estoy mirando. - I'm just looking.
- Sólo estoy mirando. - I'm just looking.
- Eso es todo. - That's all.
- Eso es todo. - That's all.
- ¿Necesitas ayuda? - Do you need help?
- ¿Necesitas ayuda? - Do you need help?
- Tomaré… - I'll take…
- Tomaré… - I'll take…
- Me gusta. - I like it.
- Me gusta. - I like it.
- No me gusta. - I don't like it.
- No me gusta. - I don't like it.

- Es demasiado costoso. - It's too expensive.
- Es demasiado costoso. - It's too expensive.
- Es un regalo. - It's a gift.
- Es un regalo. - It's a gift.
- ¿Lo querrías envuelto para regalo? - Would you like it gift-wrapped?
- ¿Lo querrías envuelto para regalo? - Would you like it gift-wrapped?
- Está hecho a mano. - It's handmade.
- Está hecho a mano. - It's handmade.
- ¿Cuánto cuesta por kilo? - How much does it cost per kilo?
- ¿Cuánto cuesta por kilo? - How much does it cost per kilo?
- ¿Como se llaman esos? - What are those called?
- ¿Como se llaman esos? - What are those called?
- Cien gramos de... - A hundred grams of...
- Cien gramos de... - A hundred grams of...
- Soy talla media. - I'm a medium.
- Soy talla media. - I'm a medium.
- ¿Quieres probártelo? - Do you want to try it on?
- ¿Quieres probártelo? - Do you want to try it on?
- Quisiera probarme esos, ¿Dónde están los probadores? - I'd like to these on, where are the fitting rooms?
- Quisiera probarme esos, ¿Dónde están los probadores? - I'd like to these on, where are the fitting rooms?
- No me queda bien. - It doesn't fit me well.
- No me queda bien. - It doesn't fit me well.
- Es cómodo. - It's comfortable.
- Es cómodo. - It's comfortable.
- Quisiera intercambiar esto, por favor. - I would like to exchange this, please.
- Quisiera intercambiar esto, por favor. - I would like to exchange this, please.
- ¿Podría tener el recibo, por favor? - May I have the receipt, please?
- ¿Podría tener el recibo, por favor? - May I have the receipt, please?
- ¿Podría darme una bolsa? - Can I please have a bag?
- ¿Podría darme una bolsa? - Can I please have a bag?
- ¿Sería posible conseguir un descuento? - Would it be possible to get a discount?
- ¿Sería posible conseguir un descuento? - Would it be possible to

get a discount?
- ¿A qué hora cierra? - What time do you close?
- ¿A qué hora cierra? - What time do you close?
- ¿Hacen envíos? - Do you ship?
- ¿Hacen envíos? - Do you ship?
- Disculpe, estoy buscando queso - Excuse me, I'm looking for cheese
- Disculpe, estoy buscando queso - Excuse me, I'm looking for cheese
- ¿Podría probar un poco de eso? - May I try some of that?
- ¿Podría probar un poco de eso? - May I try some of that?
- Quisiera 300 gramos de queso, por favor - I would like 300 grams of cheese, please
- Quisiera 300 gramos de queso, por favor - I would like 300 grams of cheese, please
- ¿Puedes añadir un poco más? - Can you add a little bit more?
- ¿Puedes añadir un poco más? - Can you add a little bit more?
- ¿Qué tienes que sea orgánico? - What do you have that is organic?
- ¿Qué tienes que sea orgánico? - What do you have that is organic?
- ¿Cuánto pides por esto? - How much do you want for this?
- ¿Cuánto pides por esto? - How much do you want for this?
- ¡Vamos, ofréceme un descuento! - C'mon, give me a good deal!
- ¡Vamos, ofréceme un descuento! - C'mon, give me a good deal!
- Es una estafa - Rip off
- Es una estafa - Rip off
- La sección de vegetales del supermercado - Vegetable section of the supermarket
- La sección de vegetales del supermercado - Vegetable section of the supermarket
- ¿Cuál pan tiene sal? - Which bread is salted?
- ¿Cuál pan tiene sal? - Which bread is salted?
- ¿Cuál pan no tiene sal? - Which bread is unsalted?
- ¿Cuál pan no tiene sal? - Which bread is unsalted?
- ¿Dónde puedo comprar (algo de fruta)? - Where can I buy (some fruit)?
- ¿Dónde puedo comprar (algo de fruta)? - Where can I buy (some fruit)?
- ¿Qué son esos? - What are those called?
- ¿Qué son esos? - What are those called?
- ¿Cuánto cuenta por kilo? - What is the cost per kilo?

- ¿Cuánto cuenta por kilo? - What is the cost per kilo?

Frases de Conversación 1

- Mi nombre es... - My name is...
- Mi nombre es... - My name is...
- ¡Gusto en conocerte! - Nice to meet you!
- ¡Gusto en conocerte! - Nice to meet you!
- ¿Qué es esto? - What is this?
- ¿Qué es esto? - What is this?
- ¿Quién? - Who?
- ¿Quién? - Who?
- ¿Qué? - What?
- ¿Qué? - What?
- ¿Cuándo? - When?
- ¿Cuándo? - When?
- ¿Dónde? - Where?
- ¿Dónde? - Where?
- ¿Por qué? - Why?
- ¿Por qué? - Why?
- ¿Cómo? - How?
- ¿Cómo? - How?
- ¿Cuánto? - How much?
- ¿Cuánto? - How much?
- Eres muy amable - You are very kind
- Eres muy amable - You are very kind
- El clima está muy agradable - The weather is really nice
- El clima está muy agradable - The weather is really nice
- ¿Cómo está yendo tu día? - How is your day going?
- ¿Cómo está yendo tu día? - How is your day going?
- ¿Cómo va tu noche? - How is your night going?
- ¿Cómo va tu noche? - How is your night going?
- Muy bien, ¡Muchas gracias! - Very well, thanks!
- Muy bien, ¡Muchas gracias! - Very well, thanks!

- Me estoy sintiendo estupendo. - I'm feeling great.
- Me estoy sintiendo estupendo. - I'm feeling great.
- Ni bien ni mal. - So-so.
- Ni bien ni mal. - So-so.
- No me puedo quejar. - I can't complain.
- No me puedo quejar. - I can't complain.
- ¿Has tenido un buen fin de semana? - Did you have a good weekend?
- ¿Has tenido un buen fin de semana? - Did you have a good weekend?
- ¡No! ¡Fué horrible! - No! It was rubbish!
- No! ¡Fué horrible! - No! It was rubbish!
- ¿A dónde te gustaría ir? - Where would you like to go?
- ¿A dónde te gustaría ir? - Where would you like to go?
- ¿Qué tal ir al cine? - How about going to the cinema?
- ¿Qué tal ir al cine? - How about going to the cinema?
- Me gustaría ver una película de ciencia ficción. - I'd like to see a science-fiction movie.
- Me gustaría ver una película de ciencia ficción. - I'd like to see a science-fiction movie.
- Ya la he visto. - I've already seen it.
- Ya la he visto. - I've already seen it.
- ¿Está subtitulada al español - Is it subtitled in Spanish?
- ¿Está subtitulada al español - Is it subtitled in Spanish?
- ¿Cuándo acaba la película? - When does the film end?
- ¿Cuándo acaba la película? - When does the film end?
- Pagaré por los boletos. - I'll pay for the tickets.
- Pagaré por los boletos. - I'll pay for the tickets.
- ¿Hay un intervalo? - Is there an interval?
- ¿Hay un intervalo? - Is there an interval?
- ¿Qué te ha parecido la obra? - What did you think of the play?
- ¿Qué te ha parecido la obra? - What did you think of the play?
- ¿Te gusta ir a navegar? - Do you like to go sailing?
- ¿Te gusta ir a navegar? - Do you like to go sailing?
- Preferiría jugar tenis. - I'd prefer to play tennis.
- Preferiría jugar tenis. - I'd prefer to play tennis.
- ¡Eso sería genial! - That would be great!
- ¡Eso sería genial! - That would be great!

- Sé de lo que estoy hablando - I know what I am talking about
- Sé de lo que estoy hablando - I know what I am talking about
- Apareces por todas partes. - You pop up everywhere.
- Apareces por todas partes. - You pop up everywhere.
- Las cosas no siempre resultan como se espera -Things don't alway turn out as expected.
- Las cosas no siempre resultan como se espera -Things don't alway turn out as expected.
- ¿Dónde puedo encontrar la mejor pizza? - Where can I find the bes pizza?
- ¿Dónde puedo encontrar la mejor pizza? - Where can I find the best pizza?
- No está mal. - Not bad.
- No está mal. - Not bad.
- ¿De dónde eres? - Where are you from?
- ¿De dónde eres? - Where are you from?
- Soy de los Estados Unidos - I'm from the U.S
- Soy de los Estados Unidos - I'm from the U.S
- Me divertí en Estados Unidos - I had fun in America
- Me divertí en Estados Unidos - I had fun in America
- No soy estadounidense - I am not American
- No soy estadounidense - I am not American
- Soy estadounidense - I'm American
- Soy estadounidense - I'm American
- ¿Dónde vives? - Where do you live?
- ¿Dónde vives? - Where do you live?
- ¿Te agrada aquí? - Did you like it here?
- ¿Te agrada aquí? - Did you like it here?
- Estados Unidos es un país maravilloso - The USA is a wonderful country
- Estados Unidos es un país maravilloso - The USA is a wonderful country
- ¿De qué trabajas? - What do you do for a living?
- ¿De qué trabajas? - What do you do for a living?
- Me gusta el idioma inglés. - I like English.

- Me gusta el idioma inglés. - I like English.
- He estado aprendiendo inglés por un mes - I've been learning English for one month
- He estado aprendiendo inglés por un mes - I've been learning English for one month
- ¡Oh, eso es bueno! - Oh! That's good!
- ¡Oh, eso es bueno! - Oh! That's good!
- ¿Qué edad tienes? - How old are you?
- ¿Qué edad tienes? - How old are you?
- Tengo 27 años. - I am 27 years old.
- Tengo 27 años. - I am 27 years old.
- Tengo dos hermanas. - I have two sisters.
- Tengo dos hermanas. - I have two sisters.
- Ella es mayor que yo. - She is older than me.
- Ella es mayor que yo. - She is older than me.
- Siéntete como en tu casa. - Make yourself at home.
- Siéntete como en tu casa. - Make yourself at home.
- Debo irme - I have to go
- Debo irme - I have to go
- ¡Vuelvo enseguida! - I will be right back!
- ¡Vuelvo enseguida! - I will be right back!
- ¿Qué hora es? - What time is it?
- ¿Qué hora es? - What time is it?
- Disculpe - Excuse me
- Disculpe - Excuse me
- ¿Podría sentarme aquí? - May I sit here?
- ¿Podría sentarme aquí? - May I sit here?
- Espero que nos veamos otra vez. - Hopefully we'll see each other again.
- Espero que nos veamos otra vez. - Hopefully we'll see each other again.
- No lo menciones - Don't mention it
- No lo menciones - Don't mention it
- Como sea. - Whatever.
- Como sea. - Whatever.
- No es asunto tuyo. - It's none of your business.
- No es asunto tuyo. - It's none of your business.

- Estoy molesto/a. - I'm upset.
- Estoy molesto/a. - I'm upset.
- No me estás escuchando. - You're not listening to me.
- No me estás escuchando. - You're not listening to me.
- Es suficiente. - That's enough.
- Es suficiente. - That's enough.
- Basta. - Stop it.
- Basta. - Stop it.
- ¿Y qué? - So what?
- ¿Y qué? - So what?
- No te preocupes - Don't worry
- No te preocupes - Don't worry
- Tengo hambre. - I'm hungry.
- Tengo hambre. - I'm hungry.
- Tengo sed. - I'm thirsty.
- Tengo sed. - I'm thirsty.
- Tengo frío - I'm cold
- Tengo frío - I'm cold
- Tengo calor - I'm hot
- Tengo calor - I'm hot
- Estoy aburrido/a. - I'm bored.
- Estoy aburrido/a. - I'm bored.
- ¡Estás loco/a! - You're crazy!
- ¡Estás loco/a! - You're crazy!
- De abajo hacia arriba - Bottoms up
- De abajo hacia arriba - Bottoms up
- Saludos - Cheers
- Saludos - Cheers
- Tomar la carretera - Hit the road
- Tomar la carretera - Hit the road

- Apúrate - Hurry up
- Apúrate - Hurry up
- Déjame en paz - Leave me in peace
- Déjame en paz - Leave me in peace
- Cállate - Shut up
- Cállate - Shut up
- Está bien - Thats fine
- Está bien - Thats fine
- Qué lástima - What a pity
- Qué lástima - What a pity
- De nada - It's my pleasure
- De nada - It's my pleasure
- Guau - Wow
- Guau - Wow
- ¿Podemos usar el informal? - Can we use the informal?
- ¿Podemos usar el informal? - Can we use the informal?
- No me viene la palabra. - The word isn't coming to me.
- No me viene la palabra. - The word isn't coming to me.
- No me viene la palabra a la mente. - The word isn't coming to mind.
- No me viene la palabra a la mente. - The word isn't coming to mind.
- Lo tengo en la punta de la lengua. - It's on the tip of my tongue.
- Lo tengo en la punta de la lengua. - It's on the tip of my tongue.
- Un momento. Déjame pensar. - One moment. Let me think.
- Un momento. Déjame pensar. - One moment. Let me think.
- ¿Estás siguiendo la conversación? - Are you following the

conversation?
- ¿Estás siguiendo la conversación? - Are you following the conversation?
- ¿Preferirías que nos encontráramos en la ciudad? - Would you prefer we met in town?
- ¿Preferirías que nos encontráramos en la ciudad? - Would you prefer we met in town?
- ¿Preferirías que nos encontráramos en el restaurante? -Would you prefer it if we met at the restaurant?
- ¿Preferirías que nos encontráramos en el restaurante? -Would you prefer it if we met at the restaurant?
- ¿Sería mejor invitar también a su esposa? - Is it better to invite his wife as well?
- ¿Sería mejor invitar también a su esposa? - Is it better to invite his wife as well?
- ¿Es mejor si te llamo al anochecer? - Is it better to ring you in the evening?
- ¿Es mejor si te llamo al anochecer? - Is it better to ring you in the evening?
- ¿Es mejor que te avisemos antes de llegar? - Is it better to let you know before we drop in?
- ¿Es mejor que te avisemos antes de llegar? - Is it better to let you know before we drop in?
- ¿Estamos de acuerdo? - Are we agreed?
- ¿Estamos de acuerdo? - Are we agreed?
- No estoy de acuerdo con ésta decisión - I don't agree with this

decision
- No estoy de acuerdo con ésta decisión - I don't agree with this decision
- Creo que Mark está equivocado - I think Mark is wrong
- ICreo que Mark está equivocado - I think Mark is wrong
- Podríamos vernos en otro momento - We could meet another time
- Podríamos vernos en otro momento - We could meet another time
- ¿Qué tal si les preguntamos para cenar? - How about asking them round for dinner?
- ¿Qué tal si les preguntamos para cenar? - How about asking them round for dinner?
- Todas las bromas de lado - All joking aside
- Todas las bromas de lado - All joking aside
- Ciertamente. - Sure.
- Ciertamente. - Sure.

Frases de Conversación 2

- ¿De veras? - Really?
- ¿De veras? - Really?
- Me olvidé. - I forgot.
- Me olvidé. - I forgot.
- Ahora recuerdo. - Now I remember.
- Ahora recuerdo. - Now I remember.
- Tengo una pregunta. - I have a question.
- Tengo una pregunta. - I have a question.
- ¡Fue agradable conversar contigo! - It was nice talking to you!

- ¡Fue agradable conversar contigo! - It was nice talking to you!
- Ella es mi esposa - This is my wife
- Ella es mi esposa - This is my wife
- Él es mi esposo - This is my husband
- Él es mi esposo - This is my husband
- Él es mi hijo - This is my son
- Él es mi hijo - This is my son
- Ella es mi hija- This is my daughter
- Ella es mi hija- This is my daughter
- Estoy aquí con un grupo - I'm here with a group
- Estoy aquí con un grupo - I'm here with a group
- Estoy jubilado/a - I'm retired
- Estoy jubilado/a - I'm retired
- Estoy aquí por negocios - I'm here on business
- Estoy aquí por negocios - I'm here on business
- ¿Puedo ver un partido de béisbol? - Can I see a baseball match?
- ¿Puedo ver un partido de béisbol? - Can I see a baseball match?
- ¿Quién está jugando? - Who is playing?
- ¿Quién está jugando? - Who is playing?
- Él es un gran jugador- He's a great player
- Él es un gran jugador- He's a great player
- Estoy de acuerdo contigo - I agree with you
- Estoy de acuerdo contigo - I agree with you
- Tengo un acento - I have an accent
- Tengo un acento - I have an accent

- ¿Qué has estado haciendo? - What have you been up to?
- ¿Qué has estado haciendo? - What have you been up to?
- He estado muy ocupado/a - I've been very busy
- He estado muy ocupado/a - I've been very busy
- ¿Tienes planes para el verano? - Do you have any plans for the summer?
- ¿Tienes planes para el verano? - Do you have any plans for the summer?
- Eso es genial - That's cool
- Eso es genial - That's cool
- Entonces, bien o por lo tanto - So, well or therefore
- Entonces, bien o por lo tanto - So, well or therefore
- ¡Ay Dios mío! - Oh my gosh!
- ¡Ay Dios mío! - Oh my gosh!
- Feliz aniversario - Happy anniversary
- Feliz aniversario - Happy anniversary
- ¿Tienes amigos estadounidenses? - Do you have American friends?
- ¿Tienes amigos estadounidenses? - Do you have American friends?
- Me levanto a las siete y media - I get up at half past seven
- Me levanto a las siete y media - I get up at half past seven
- Comienzo a trabajar a las nueve y cuarto. - start to work at quarter past nine.
- Comienzo a trabajar a las nueve y cuarto. - start to work at quarter past nine.
- ¿Quisieras ir al cine mañana en la noche? -Do fancy going to the cinema tomorrow night?

- ¿Quisieras ir al cine mañana en la noche? -Do fancy going to the cinema tomorrow night?
- No puedo esperar a ir de vacaciones. - I can't wait to go on holiday.
- No puedo esperar a ir de vacaciones. - I can't wait to go on holiday.
- ¿Qué clase de música te gusta? - What kind of music do you like?
- ¿Qué clase de música te gusta? - What kind of music do you like?
- ¡Me divertí mucho! - I had a lot of fun!
- ¡Me divertí mucho! - I had a lot of fun!
- Quiero mejorar mi nivel en inglés - I want to improve my level in English
- Quiero mejorar mi nivel en inglés - I want to improve my level in English
- Necesito practicar inglés - I need to practice English
- Necesito practicar inglés - I need to practice English
- ¿Puedes ayudarme a aprender inglés? - Can you help me to learn English?
- ¿Puedes ayudarme a aprender inglés? - Can you help me to learn English?
- ¿Tienes tiempo de hablar conmigo? - Do you have time to speak with
- ¿Tienes tiempo de hablar conmigo? - Do you have time to speak with me?
  - ¿Podrías por favor hablarme en inglés? Me ayuda a aprender. - Can you please speak in English? it helps me to learn.
  - ¿Podrías por favor hablarme en inglés? Me ayuda a aprender. - Can you please speak in English? it helps me to learn.
  - ¿Son las cosas siempre así de difíciles en los Estados Unidos? - Are

- things always this difficult in the USA?
- ¿Son las cosas siempre así de difíciles en los Estados Unidos? - Are things always this difficult in the USA?
- ¿Por qué no puede alguien simplemente darme una respuesta concreta? - Why can't anyone just give me a straight answer?
- ¿Por qué no puede alguien simplemente darme una respuesta concreta? - Why can't anyone just give me a straight answer?
- Eso tiene sentido. - That makes sense.
- Eso tiene sentido. - That makes sense.
- Desde entonces - Ever since
- Desde entonces - Ever since
- Entonces - Then
- Entonces - Then
- En vez - Instead
- En vez - Instead
- En el futuro - In the future
- En el futuro - In the future
- Sin embargo - However
- Sin embargo - However
- Además - Furthermore
- Además - Furthermore
- En mi opinión - In my opinion
- En mi opinión - In my opinion
- Desde ahora - From now on
- Desde ahora - From now on
- Hacerse el tonto - To play dumb
- Hacerse el tonto - To play dumb
- Es una cuestión de opinión... - It's a matter of opinion...

- Es una cuestión de opinión... - It's a matter of opinion...
- Estoy de acuerdo de todo corazón... - I agree wholeheartedly...
- Estoy de acuerdo de todo corazón... - I agree wholeheartedly...
- Lo opuesto es la verdad... - The opposite is true...
- Lo opuesto es la verdad... - The opposite is true...
- El estado actual de las cosas es preocupante - The present state of affairs is worrying
- El estado actual de las cosas es preocupante - The present state of affairs is worrying
- Eso dice mucho acerca de.. - That speaks volumes about..
- Eso dice mucho acerca de.. - That speaks volumes about..
- Hay mucho que decir de ambas partes... - There's much to be said on both sides...
- Hay mucho que decir de ambas partes... - There's much to be said on both sides...
- No estoy de acuerdo - I disagree
- No estoy de acuerdo - I disagree
- Por otro lado... - On the other hand...
- Por otro lado... - On the other hand...
- No hay una base sólida para el argumento.. - There's no sound basis for the argument..
- No hay una base sólida para el argumento.. - There's no sound basis for the argument..
- Es una política condenada al fracaso... - It's a policy doomed to failure...
- Es una política condenada al fracaso... - It's a policy doomed to failure...
- Es un enfoque obsoleto - It's an outdated approach

- Es un enfoque obsoleto - It's an outdated approach
- No veo posibilidades de éxito - I see no prospect of success
- No veo posibilidades de éxito - I see no prospect of success
- Hay un gran problema - There's a big problem
- Hay un gran problema - There's a big problem
- Podemos ver eso.. - We can see that..
- Podemos ver eso.. - We can see that..
- No olvidemos eso.. - Let's not forget that..
- No olvidemos eso.. - Let's not forget that..
- Surge otra dificultad - Another difficulty arises
- Surge otra dificultad - Another difficulty arises
- Quedan algunos obstáculos - Some stumbling blocks remain
- Quedan algunos obstáculos - Some stumbling blocks remain
- El no decir nada acerca de… - To say nothing of …
- El no decir nada acerca de… - To say nothing of …
- No sorprende que.. - It's not surprising that..
- No sorprende que.. - It's not surprising that..
- No es necesario decir que.. - It goes without saying that..
- No es necesario decir que.. - It goes without saying that..
- El último recurso - The last resort
- El último recurso - The last resort
- Teniendo todo en cuenta - All things considered
- Teniendo todo en cuenta - All things considered
- El rumor dice - Rumor has it
- El rumor dice - Rumor has it
- Tan pronto como sea posible - As soon as possible

- Tan pronto como sea posible - As soon as possible
- No me dejes esperando - Don't leave me hanging
- No me dejes esperando - Don't leave me hanging
- No te desvíes de tu camino - Don't go out of your way
- No te desvíes de tu camino - Don't go out of your way
- Ten en cuenta que... - Bear in mind that ...
- Ten en cuenta que... - Bear in mind that ...
- Pasar toda la noche - To pull an all-nighter
- Pasar toda la noche - To pull an all-nighter
- Encender la luz - To turn the light on
- Encender la luz - To turn the light on
- Apagar la luz - To turn the light off
  - Apagar la luz - To turn the light off
- Te estoy observando - I've got my eye on you
- Te estoy observando - I've got my eye on you
- El hecho es que - The fact is that
- El hecho es que - The fact is that
- Eso es todo al respecto - That's all there is to it
- Eso es todo al respecto - That's all there is to it
- Salúdalo de mi parte - Say hi to him for me
- Salúdalo de mi parte - Say hi to him for me
- La moraleja de la historia - The moral of the story
- La moraleja de la historia - The moral of the story
- No lastima intentarlo - It doesn't hurt to try
- No lastima intentarlo - It doesn't hurt to try
- ¿Cómo se conocieron ustedes? - How did you meet each other?
- ¿Cómo se conocieron ustedes? - How did you meet each other?
- Fuera de la lupa - Out of the loop
- Fuera de la lupa - Out of the loop

- ¿Qué quieres que haga? - What do you want me to do?
- ¿Qué quieres que haga? - What do you want me to do?
- Me vuelve emocional - It makes me emotional
- Me vuelve emocional - It makes me emotional
- Lo vuelves todo difícil - You make everything difficult
- Lo vuelves todo difícil - You make everything difficult
- Todo lo vuelves fácil - You make everything easy
- Todo lo vuelves fácil - You make everything easy
- Me hace preguntarme - It makes me wonder
- Me hace preguntarme - It makes me wonder
- Me da hambre - It makes me hungry
- Me da hambre - It makes me hungry
- Poder resolverlo - To be able to hack it
- Poder resolverlo - To be able to hack it
- Por prueba y error - By trial and error
- Por prueba y error - By trial and error
- Estoy acostumbrado/a a eso - I'm used to it
- Estoy acostumbrado/a a eso - I'm used to it
- Hazme un favor - Do me a favor
- Hazme un favor - Do me a favor
- Mirándolo más de cerca - On closer inspection
- Mirándolo más de cerca - On closer inspection
- Tener mejores cosas que hacer - To have better things to do
- Tener mejores cosas que hacer - To have better things to do
- Término medio - Middle ground
- Término medio - Middle ground

Frases de Conversación 3

- En el peor de los casos ... - In worst-case scenario ...
- En el peor de los casos ... - In worst-case

- Me molesta un poco - It annoys me a little bit
- Me molesta un poco - It annoys me a little bit
- Realmente me hace hervir la sangre - It really makes my blood boil
- Realmente me hace hervir la sangre - It really makes my blood boil
- ¡Abróchense los cinturones! - Fasten your seat belts!
- ¡Abróchense los cinturones! - Fasten your seat belts!
- Cálmate/ Cálmense - Calm down
- Cálmate/ Cálmense - Calm down
- Por todo el lugar - All over the place
- Por todo el lugar - All over the place
- Ni siquiera en sueños - Not even in dreams
- Ni siquiera en sueños - Not even in dreams
- Algo se presentó - Something came up
- Algo se presentó - Something came up
- No es asunto tuyo - None of your business
- No es asunto tuyo - None of your business
- Cada paqueña cosa ayuda - Every little bit helps
- Cada paqueña cosa ayuda - Every little bit helps
- Rellenar los espacios - To fill in the blanks
- Rellenar los espacios - To fill in the blanks
- Te ves genial esta noche - You look great tonight
- Te ves genial esta noche - You look great tonight
- Mi (idioma) ruso está algo oxidado - My Russian's a bit rusty
- Mi (idioma) ruso está algo oxidado - My Russian's a bit rusty
- Se lo creyeron completamente- They totally fell for it
  - Se lo creyeron completamente- They totally fell for it
- Ella le dió el mal de ojo - She gave him the evil eye
- Ella le dió el mal de ojo - She gave him the evil eye

- Si quieres algo bien hecho, hazlo tú mismo - If you want something done right, do it yourself
- Si quieres algo bien hecho, hazlo tú mismo - If you want something done right, do it yourself
- Vamos por la mitad - We are halfway through
- Vamos por la mitad - We are halfway through
- Tirar los dados - Roll the dice
- Tirar los dados - Roll the dice
- ¿Debería traer el paraguas? - Should I bring the umbrella?
- ¿Debería traer el paraguas? - Should I bring the umbrella?
- Lo verás cuando tengas uno propio -You'll see when you have one of your own
- Lo verás cuando tengas uno propio -You'll see when you have one of your own
- En retrospectiva - In hindsight
- En retrospectiva - In hindsight
- Te mantendremos informado/a - We'll keep you posted
- Te mantendremos informado/a - We'll keep you posted
- Si yo estuviese en tus zapatos - If I were in your shoes
- Si yo estuviese en tus zapatos - If I were in your shoes

- Contrólate - Get a grip
  - Contrólate - Get a grip
  - La vida continúa - Life goes on
  - La vida continúa - Life goes on
  - Cada paso del camino - Every step of the way
  - Cada paso del camino - Every step of the way
  - A todo pulmón - At the top of one's lungs
  - A todo pulmón - At the top of one's lungs
  - Mis labios están sellados - My lips are sealed

- Mis labios están sellados - My lips are sealed
- Agridulce - Bittersweet
- Agridulce - Bittersweet
- La señal es mala - The signal is bad
- La señal es mala - The signal is bad
- ¡Imagina eso! - Imagine that!
- ¡Imagina eso! - Imagine that!
- Tu mensaje me confundió - Your message confused me
- Tu mensaje me confundió - Your message confused me
- Paso a paso - Step by step
- Paso a paso - Step by step
- Marcado de por vida - Scarred for life
- Marcado de por vida - Scarred for life
- 9 de cada 10 veces - 9 times out of 10
- 9 de cada 10 veces - 9 times out of 10
- Muéstranos de qué eres capaz - Show us what you're capable of
- Muéstranos de qué eres capaz - Show us what you're capable of
- Todos los caminos llevan a Roma - All roads lead to Rome
- Todos los caminos llevan a Roma - All roads lead to Rome
- Tienes facilidad con las palabras - You have a way with words
- Tienes facilidad con las palabras - You have a way with words
- ¡¿En Serio?! ¡¡Ni modo!! - Really?! No way!!
- ¡¿En Serio?! ¡¡Ni modo!! - Really?! No way!!
- Debo sonarme la nariz - I have to blow my nose
- Debo sonarme la nariz - I have to blow my nose
- Fuera de lo ordinario - Out of the ordinary
- Fuera de lo ordinario - Out of the ordinary
- Funciona de maravilla - It works like a charm

- Funciona de maravilla - It works like a charm
- Estoy en el séptimo cielo - I'm in seventh heaven
- Estoy en el séptimo cielo - I'm in seventh heaven
- ¡Mantén un perfil bajo! - Keep a low profile!
- ¡Mantén un perfil bajo! - Keep a low profile!
- ¡No seas un perdedor! - Don't be a sore loser!
- ¡No seas un perdedor! - Don't be a sore loser!
- Sin dolor no hay ganancia - No pain, no gain
- Sin dolor no hay ganancia - No pain, no gain
- Con todo el debido respeto - With all due respect
- Con todo el debido respeto - With all due respect
  - Una cuestión de necesidad - A matter of necessity
  - Una cuestión de necesidad - A matter of necessity
  - Menos y menos - Less and less
  - Menos y menos - Less and less
  - Más y más - More and more
  - Más y más - More and more
  - Un comienzo nuevo - A clean slate
  - Un comienzo nuevo - A clean slate
  - Primero llega, primero servido - First come, first served
  - Primero llega, primero servido - First come, first served
  - Cosecho la recompensa - I reap the reward
  - Cosecho la recompensa - I reap the reward
  - ¡Cruza tus dedos! - Cross your fingers!
  - ¡Cruza tus dedos! - Cross your fingers!
  - Excedió nuestras mayores expectativas - It exceeded our wildest expectations
  - Excedió nuestras mayores expectativas - It exceeded our wildest expectations
  - Fuerte y claro - Loud and clear

- Fuerte y claro - Loud and clear
- ¿Te has vuelto loco/a? - Are you out of your mind?
- ¿Te has vuelto loco/a? - Are you out of your mind?
- No lo sabes hasta que lo intentas - You don't know until you try
- No lo sabes hasta que lo intentas - You don't know until you try
- No es a lo que estoy acostumbrado/a - It's not what I'm used to
- No es a lo que estoy acostumbrado/a - It's not what I'm used to
- Perdí la oportunidad - I missed the chance
- Perdí la oportunidad - I missed the chance
- Era lo mínimo que podía hacer. - It was the least I could do.
- Era lo mínimo que podía hacer. - It was the least I could do.
- Choca los cinco - Gimme a high five
- Choca los cinco - Gimme a high five
- Mas o menos - More or less
- Mas o menos - More or less
- Lo siento, me dejé llevar - Sorry I got carried away
- Lo siento, me dejé llevar - Sorry I got carried away
- Hay una huelga programada - There's a strike scheduled
- Hay una huelga programada - There's a strike scheduled
- ¡Termínalo! - Get it over with!
- ¡Termínalo! - Get it over with!
- Lo mereces - You deserve it
- Lo mereces - You deserve it
- Ídem - Ditto
- Ídem - Ditto
- Sin dudas, quejas o peros - No ifs, ands, or buts
- Sin dudas, quejas o peros - No ifs, ands, or buts
- No lo tomes mal - Don't take it the wrong way
- No lo tomes mal - Don't take it the wrong way
- Hay algo que no cuadra - There's something that doesn't add up

- Hay algo que no cuadra - There's something that doesn't add up
- Perdí noción del tiempo - I lost track of time
- Perdí noción del tiempo - I lost track of time
- Cada uno con sus asuntos - To each his own
- Cada uno con sus asuntos - To each his own
- Por lo que vale - For what it's worth
- Por lo que vale - For what it's worth
- Se me pasó de largo - It slipped my mind
- Se me pasó de largo - It slipped my mind
- En la zona que vives - In your neck of the woods
- En la zona que vives - In your neck of the woods
- Apenas hablamos - We barely talk
- Apenas hablamos - We barely talk
- Apenas la conozco - I barely know her
- Apenas la conozco - I barely know her
- Para hacerlo breve - To cut a long story short
- Para hacerlo breve - To cut a long story short
- Lo que se me ocurre - Off the top of my head
- Lo que se me ocurre - Off the top of my head
- Cuenta conmigo - I've got your back
- Cuenta conmigo - I've got your back
- El alma de la fiesta - The life of the party
- El alma de la fiesta - The life of the party
- Estado allí y hecho eso - Been there done that
- Estado allí y hecho eso - Been there done that
- Para todas las intenciones y objetivos - For all intents and purposes
- Para todas las intenciones y objetivos - For all intents and purposes
- Podría resultar útil - It could come in handy
- Podría resultar útil - It could come in handy

- La impresión que obtengo - The impression I get
- La impresión que obtengo - The impression I get
- Tiempos desesperados requieren medidas desesperadas - Desperate times call for desperate measures
- Tiempos desesperados requieren medidas desesperadas - Desperate times call for desperate measures
- Ustedes se merecen el uno al otro - You deserve each other
- Ustedes se merecen el uno al otro - You deserve each other
- No quiero retenerte - I don't want to hold you up 59

- No quiero retenerte - I don't want to hold you up
- Eres un tonto - You're such a klutz
- Eres un tonto - You're such a klutz
- Soy tan tonto - I'm such a ditz
- Soy tan tonto - I'm such a ditz
- Es sólo una moda pasajera - It's just a fad
- Es sólo una moda pasajera - It's just a fad
- Es un gusto adquirido - It's an acquired taste
- Es un gusto adquirido - It's an acquired taste
- ¡Sufre pena en el corazón! - Eat your heart out!
- ¡Sufre pena en el corazón! - Eat your heart out!
- Llueva o salga el sol - Come rain or shine
- Llueva o salga el sol - Come rain or shine
- Debo revisar dos veces - I have to double-check
- Debo revisar dos veces - I have to double-check
- Lo que no te mata te vuelve más fuerte - What doesn't kill you makes you stronger

- Lo que no te mata te vuelve más fuerte - What doesn't kill you makes you stronger
- ¿Soy sólo yo o hace calor aquí? - Is it just me or is getting hot in here?
- ¿Soy sólo yo o hace calor aquí? - Is it just me or is getting hot in here?
- Se está poniendo más serio - It's getting more serious
- Se está poniendo más serio - It's getting more serious
- Imagina si pudieras ... - Imagine if you could ...
- Imagina si pudieras ... - Imagine if you could ...
- El tiempo lo dirá - Time will tell
- El tiempo lo dirá - Time will tell

Frases de Conversación 4

- Nunca cumple con mis expectativas - It never lives up to my expectations
- Nunca cumple con mis expectativas - It never lives up to my expectations
- No nací ayer - I wasn't born yesterday
- No nací ayer - I wasn't born yesterday
- ¡No revolees los ojos! - Don't roll your eyes at me!
- ¡No revolees los ojos! - Don't roll your eyes at me!
- Te acostumbrarás - You'll get used to it
- Te acostumbrarás - You'll get used to it
- ¿Eres cosquilloso/a? - Are you ticklish?
- ¿Eres cosquilloso/a? - Are you ticklish?
- ¡Eso me hace cosquillas! - That tickles!
- ¡Eso me hace cosquillas! - That tickles!
- Mantenerse en contacto - Stay in touch
- Mantenerse en contacto - Stay in touch
- El tiempo se está acabando - Time is running out
- El tiempo se está acabando - Time is running out

- Hubiera venido si hubiese sabido - I would've come if I had known
- Hubiera venido si hubiese sabido - I would've come if I had known
- Te debe haber costado un brazo y una pierna - It must've cost you an arm and a leg
- Te debe haber costado un brazo y una pierna - It must've cost you an arm and a leg
- ¿Nos visitarás? - Will you visit us?
- ¿Nos visitarás? - Will you visit us?
- Ve delante mío, si quieres - Go ahead of me, if you want
- Ve delante mío, si quieres - Go ahead of me, if you want
- Siéntete libre - Feel free
- Siéntete libre - Feel free
- ¿Están en buenos términos ustedes? - Are you on good terms?
- ¿Están en buenos términos ustedes? - Are you on good terms?
- Sentí que no pertenecía - I felt like I didn't belong
- Sentí que no pertenecía - I felt like I didn't belong
- Sentí algo moverse - I felt something move
- Sentí algo moverse - I felt something move
- ¿Te quedaste hasta tarde anoche? - Did you stay up late last night
- ¿Te quedaste hasta tarde anoche? - Did you stay up late last night
- Me cruzé a Patrick el otro día - I ran into Patrick the other day
- Me cruzé a Patrick el otro día - I ran into Patrick the other day
- Lo siento, no me dí cuenta de que estabas en la fila - Sorry, I didn't realize you were in line
- Lo siento, no me dí cuenta de que estabas en la fila - Sorry, I didn't realize you were in line
- La tercera vez es la buena - The third time's a charm
- La tercera vez es la buena - The third time's a charm
- Tu cremallera está baja. - Your fly is down.
- Tu cremallera está baja. - Your fly is down.
- Tus zapatos están desatados - Your shoes are untied

- Tus zapatos están desatados - Your shoes are untied
- Todo lo que tengo son 5 dólares - All I have are 5 dollars
- Todo lo que tengo son 5 dólares - All I have are 5 dollars
- Mi mente sigue divagando - My mind keeps wandering
- Mi mente sigue divagando - My mind keeps wandering
- ¿Por cuánto tiempo has estado asistiendo a la Universidad de Chicago? - How long have you been attending the University of Chicago?
  - ¿Por cuánto tiempo has estado asistiendo a la Universidad de Chicago? - How long have you been attending the University of Chicago?
- Tomaré eso como un cumplido - I'll take that as a compliment
  - Tomaré eso como un cumplido - I'll take that as a compliment
  - Tengo que hacer un mandado - I have to run an errand
  - Tengo que hacer un mandado - I have to run an errand
  - El trabajo duro siempre trae recompensas - Hard work always pays off
  - El trabajo duro siempre trae recompensas - Hard work always pays off
  - Lo resolveré - I'll figure it out
  - Lo resolveré - I'll figure it out
  - Déjame apartarme de tu camino - Let me get out of your way
  - Déjame apartarme de tu camino - Let me get out of your way
  - Él tiene una agenda - He has an agenda
  - Él tiene una agenda - He has an agenda
  - Hay 10% de posibilidades de que ... - There's a 10%chance that ...
  - Hay 10% de posibilidades de que ... - There's a 10%chance that ...
  - Para bien o para mal - For better or worse
  - Para bien o para mal - For better or worse

- Las acciones hablan más que las palabras - Actions speak louder than words
- Las acciones hablan más que las palabras - Actions speak louder than words
- Sabía que ustedes me agradarían - I knew I would like you guys
- Sabía que ustedes me agradarían - I knew I would like you guys
- Nos dijeron que ellos/as cocinarían la cena - They told us they would cook dinner
- Nos dijeron que ellos/as cocinarían la cena - They told us they would cook dinner
- ¡Viva! - Hurrah!
- ¡Viva! - Hurrah!
- La última gota - The last straw
- La última gota - The last straw
- Y vivieron felices para siempre - And they lived happily ever afer
- Y vivieron felices para siempre - And they lived happily ever afer
- Por último pero no menos importante - Last but not least
- Por último pero no menos importante - Last but not least
- No lo guardes en mi contra - Don't hold it against me
- No lo guardes en mi contra - Don't hold it against me
- Como te parezca mejor - As you see fit
- Como te parezca mejor - As you see fit
- Dime un poco acerca de tí - Tell me a bit about yourself
- Dime un poco acerca de tí - Tell me a bit about yourself
- Dime acerca de tu nuevo novio - Tell me about your new boyfriend
- Dime acerca de tu nuevo novio - Tell me about your new boyfriend
- ¿Estás libre mañana? - Are you free tomorrow?
- ¿Estás libre mañana? - Are you free tomorrow?
- ¿Todavía están juntos? - Are they still together?
- ¿Todavía están juntos? - Are they still together?

- O lo amas o lo odias - Either you love it or you hate it
- O lo amas o lo odias - Either you love it or you hate it
- No lo malgastes - Don't jinx it
- No lo malgastes - Don't jinx it
- ¡Mala suerte! - Tough luck!
- ¡Mala suerte! - Tough luck!
- Es necesario que - It's necessary that
- Es necesario que - It's necessary that
- Es bueno que - It's good that
- Es bueno que - It's good that
- Es entendible que - It's understandable that
- Es entendible que - It's understandable that
- Es poco probable que - It's unlikely that
- Es poco probable que - It's unlikely that
- Mi ocupación favorita es… - My favorite occupation is…
- Mi ocupación favorita es… - My favorite occupation is…
- ¿Qué es lo que más disfrutas hacer? - What do you like doing best?
- ¿Qué es lo que más disfrutas hacer? - What do you like doing best?
- ¿Qué haces en tu tiempo libre? - What do you do in your free time?
- ¿Qué haces en tu tiempo libre? - What do you do in your free time?
- Me gusta cantar. - I like singing.
- Me gusta cantar. - I like singing.
- Me gusta cocinar. - I like cooking.
- Me gusta cocinar. - I like cooking.
- Me gusta jugar fútbol. - I like playing soccer.
- Me gusta jugar fútbol. - I like playing soccer.
- Me gusta jugar basquetbol. - I like playing basketball.
- Me gusta jugar basquetbol. - I like playing basketball.
- Me gusta escuchar música. - I like listening to music.
- Me gusta escuchar música. - I like listening to music.

- Me gusta leer. - I like reading.
- Me gusta leer. - I like reading.
- Me gusta navegar en internet. - I like surfing the net.
- Me gusta navegar en internet. - I like surfing the net.
- Me gusta el buceo - I like scuba diving
- Me gusta el buceo - I like scuba diving
- Me gusta relajarme. - I like to relax.
- Me gusta relajarme. - I like to relax.
- Me gusta bailar. - I like dancing.
- Me gusta bailar. - I like dancing.
- ¡Vayamos en bicicleta, es un día precioso! - Let's go cycling, it's a beautiful day!
- ¡Vayamos en bicicleta, es un día precioso! - Let's go cycling, it's a beautiful day!
- Vamos a jugar fútbol - We are going to play football
- Vamos a jugar fútbol - We are going to play football
- ¿Cuándo irás a nadar? - When are you going swimming?
- ¿Cuándo irás a nadar? - When are you going swimming?
- ¡Pásame la pelota! - Pass the ball!
- ¡Pásame la pelota! - Pass the ball!
- ¡Mal movimiento! - Bad move!
- ¡Mal movimiento! - Bad move!
- ¡No puedo creer que te lo perdiste! - Can't believe you missed that!
- ¡No puedo creer que te lo perdiste! - Can't believe you missed that!
- Estoy realmente enojado/a - I'm really mad/ pissed off
- Estoy realmente enojado/a - I'm really mad/ pissed off
- ¡Perdí mi teléfono y estoy realmente enojado/a! - I lost my cell phone and I'm really mad!
- ¡Perdí mi teléfono y estoy realmente enojado/a! - I lost my cell phone

and I'm really mad!
- Burlarse de - To make fun of
- Burlarse de - To make fun of
- Sólo unas pocas personas - Only a few people
- Sólo unas pocas personas - Only a few people
- No podría importarme menos - I couldn't care less
- No podría importarme menos - I couldn't care less
- Soy solitario/a - I'm a loner
- Soy solitario/a - I'm a loner
- Casi nunca pasa - Almost never happens
- Casi nunca pasa - Almost never happens
- Él es muy rico - He's very rich
- Él es muy rico - He's very rich

Hablando del Clima

- Por la tarde, el clima cambiará. - In the afternoon, the weather will change.
- Por la tarde, el clima cambiará. - In the afternoon, the weather will change.
- La familia está disfrutando el bonito clima. - The family is enjoying the fine weather.
- La familia está disfrutando el bonito clima. - The family is enjoying the fine weather.
- El clima de hoy está soleado con nubes ocasionales. - Today's weather is sunny with occasional clouds.
- El clima de hoy está soleado con nubes ocasionales. - Today's weather is sunny with occasional clouds.
- Mirar el reporte del clima - Check the weather report

- Mirar el reporte del clima - Check the weather report
- Pronóstico del tiempo de mañana - Tomorrow's weather forecast
- Pronóstico del tiempo de mañana - Tomorrow's weather forecast
- Ponte tu chaqueta, porque hace frío afuera. - Put on your jacket, because it's cold outside.
- Ponte tu chaqueta, porque hace frío afuera. - Put on your jacket, because it's cold outside.
- Hoy hace mucho calor. - Today it is very hot.
- Hoy hace mucho calor. - Today it is very hot.
- Está lloviendo ahora. - It's raining now.
- Está lloviendo ahora. - It's raining now.
- Hoy está nevando. - It's snowing today.
- Hoy está nevando. - It's snowing today.
- Estaba nevando ayer por la tarde. - It was snowing yesterday evening.
- Estaba nevando ayer por la tarde. - It was snowing yesterday evening.
- Estaba lloviendo durante el fin de semana. - It was raining during the weekend.
- Estaba lloviendo durante el fin de semana. - It was raining during the weekend.
- ¿Cómo está el clima? - What's the weather like?
- ¿Cómo está el clima? - What's the weather like?
- El clima está hermoso. - It's beautiful weather.
- El clima está hermoso. - It's beautiful weather.
- El clima está malo. - It's bad weather.

- El clima está malo. - It's bad weather.
- Hay humedad. - There is humidity.
- Hay humedad. - There is humidity.
- Está soleado. - It's sunny.
- Está soleado. - It's sunny.
- Está nublado. - There are clouds.
- Está nublado. - There are clouds.
- Hay una tormenta. - There is a storm.
- Hay una tormenta. - There is a storm.

Religión

- Gracias a Dios - Thanks be to God
- Gracias a Dios - Thanks be to God
- Porque tanto amó Dios al mundo - For God so loved the world
- Porque tanto amó Dios al mundo - For God so loved the world
- La oración de Señor - The Lord's Prayer
- La oración de Señor - The Lord's Prayer
- Inmortalidad del alma - Immortality of the soul
- Inmortalidad del alma - Immortality of the soul
- Experiencia cercana a la muerte - Near-death experience
- Experiencia cercana a la muerte - Near-death experience
- Alabo - I praise
- Alabo - I praise
- Levantarse - Stand up
- Levantarse - Stand up
- Recemos - Let us pray
- Recemos - Let us pray
- Lo libero - I set free
- Lo libero - I set free

- Él tiene la paciencia de Job - He has the patience of Job
- Él tiene la paciencia de Job - He has the patience of Job
- No resulta ninguna revelación - To come as no revelation
- No resulta ninguna revelación - To come as no revelation
- El Hijo del Hombre - The Son of Man
- El Hijo del Hombre - The Son of Man
- Dar la vida - To lay down one's life
- Dar la vida - To lay down one's life
- A semejanza del hombre - In the likeness of man
- A semejanza del hombre - In the likeness of man
- Nuestro Padre en el cielo - Our Father in heaven
- Nuestro Padre en el cielo - Our Father in heaven
- Por mi bien - For my sake
- Por mi bien - For my sake
- Él restaura mi alma - He restores my soul
- Él restaura mi alma - He restores my soul

Expresiones

- Las acciones hablan más fuerte que las palabras. - Actions speak louder than words.

- Las acciones hablan más fuerte que las palabras. - Actions speak louder than words.
- Está lloviendo gatos y perros - It's raining cats and dogs

- Está lloviendo gatos y perros - It's raining cats and dogs
- Ir en contra de la corriente - To go against the grain
- Ir en contra de la corriente - To go against the grain
- Tus manos están tan frías como el hielo - Your hands are as cold as ice
  - Tus manos están tan frías como el hielo - Your hands are as cold as ice
  - De la nada - Out of thin air
  - De la nada - Out of thin air
  - Sin condiciones - No strings attached
  - Sin condiciones - No strings attached
  - Tómalo con pinzas - Take it with a grain of salt
  - Tómalo con pinzas - Take it with a grain of salt
  - Cuando las cosas se ponen difíciles, lo duro es ponerse en marcha
    - When the going gets tough, the tough get going
  - Cuando las cosas se ponen difíciles, lo duro es ponerse en marcha - When the going gets tough, the tough get going
  - Como dos gotas de agua - Like two peas in a pod
  - Como dos gotas de agua - Like two peas in a pod
  - Tener tu pastel y comértelo también - To have your cake and eat it too
  - Tener tu pastel y comértelo también - To have your cake and eat it too

- Situación de ganar-ganar - Win win situation

  - Situación de ganar-ganar - Win win situation
  - Acobardarse - To chicken out
  - Acobardarse - To chicken out
  - Decir la verdad - To spill the beans
  - Decir la verdad - To spill the beans
  - Eso tocó un nervio - That hit a nerve
  - Eso tocó un nervio - That hit a nerve
  - Golpear mientras el hierro está caliente - To strike while the iron is hot
  - Golpear mientras el hierro está caliente - To strike while the iron is hot
  - Entre la espada y la pared - Between a rock and a hard place
  - Entre la espada y la pared - Between a rock and a hard place
  - La cereza del pastel - The icing on the cake
  - La cereza del pastel - The icing on the cake
  - Lo que se siembra se recoge - What goes around comes around
  - Lo que se siembra se recoge - What goes around comes around
  - Asombroso - Breathtaking
  - Asombroso - Breathtaking
  - De la nada - Out of the blue
  - De la nada - Out of the blue
  - Esto me está volviendo loco/a - this is driving me round the bend

- Esto me está volviendo loco/a - this is driving me round the bend
- No tiene solución - it's a catch-22
- No tiene solución - it's a catch-22
- Me estoy dando la cabeza contra la pared - I'm banging my head against a brick wall
- Me estoy dando la cabeza contra la pared - I'm banging my head against a brick wall
- Se extendió como el fuego - It spread like wildfire
- Se extendió como el fuego - It spread like wildfire
- Fuera de este mundo - Out of this world
- Fuera de este mundo - Out of this world
- Acertarle - To hit the nail on the head
- Acertarle - To hit the nail on the head
- Añadir sal a la herida. - Add insult to injury.
- Añadir sal a la herida. - Add insult to injury.
- Ser el abogado del diablo. - Being the Devil's advocate.
- Ser el abogado del diablo. - Being the Devil's advocate.
- Morder más de lo que puedes masticar. - Bite off more than you can chew.
- Morder más de lo que puedes masticar. - Bite off more than you can chew.
- Desahogarse. - Blow off steam.
- Desahogarse. - Blow off steam.

- No puedes juzgar a un libro por su portada. - Can't judge a book by its cover.
- No puedes juzgar a un libro por su portada. - Can't judge a book by its cover.
- Llorar sobre leche derramada. - Crying over spilt milk.
- Llorar sobre leche derramada. - Crying over spilt milk.
- La curiosidad mató al gato - Curiosity killed the cat
- La curiosidad mató al gato - Curiosity killed the cat
- Dar el beneficio de la duda - Give the benefit of the doubt
- Dar el beneficio de la duda - Give the benefit of the doubt
- Matar dos pájaros de un tiro. - Kill two birds with one stone.
- Matar dos pájaros de un tiro. - Kill two birds with one stone.
- ¡Facilísimo! - Piece of cake!
- ¡Facilísimo! - Piece of cake!
- ¡Hablando del maligno! - Speak of the devil!

- ¡Hablando del maligno! - Speak of the devil!
- Mantener los dedos cruzados. - Keep one's fingers crossed.
- Mantener los dedos cruzados. - Keep one's

fingers crossed.
- Añadir leña al fuego. - Add fuel to the fire.
- Añadir leña al fuego. - Add fuel to the fire.
- Vengarse de alguien. - Get even with someone.
- Vengarse de alguien. - Get even with someone.
- La manzana no cae lejos del árbol. - The apple doesn't fall far from the tree.
- La manzana no cae lejos del árbol. - The apple doesn't fall far from the tree.
- Estoy relleno - I'm stuffed
- Estoy relleno - I'm stuffed
- Juntémosnos y comamos - Let's get together and eat
- Juntémosnos y comamos - Let's get together and eat
- Sé de lo que hablo - I know my stuff
- Sé de lo que hablo - I know my stuff
- ¡No seas un bobo, idiota! - Don't be a ham, you idiot!
- ¡No seas un bobo, idiota! - Don't be a ham, you idiot!
- No puedes tener tu pastel y comerlo también. - You can't have your cake and eat it too.
- No puedes tener tu pastel y comerlo también. - You can't have your cake and eat it too.

- Cuando llueve, diluvia. - When it rains, it pours.
- Cuando llueve, diluvia. - When it rains, it pours.
- Guárdatelo para tí. - Keep it to yourself.
- Guárdatelo para tí. - Keep it to yourself.
- No puedes mantener tu boca cerrada. - You can't keep your mouth shut.
- No puedes mantener tu boca cerrada. - You can't keep your mouth shut.
- Lo superarás. - You'll get over it.
- Lo superarás. - You'll get over it.
- Estar muy enojado/a. - To be mad as hell.
- Estar muy enojado/a. - To be mad as hell.
- ¡Mira quién habla! - Look who's talking!
- ¡Mira quién habla! - Look who's talking!
- Es más fácil decirlo que hacerlo - Easier said than done

Es más fácil decirlo que hacerlo - Easier said than done
- Cada muerte de obispo - Once in a blue moon
- Cada muerte de obispo - Once in a blue moon
- Quien madruga Dios lo ayuda - The early bird gets the worm
- Quien madruga Dios lo ayuda - The early bird gets the worm
- Gustar de alguien - To have a crush on someone
- Gustar de alguien - To have a crush on someone

- En tus marcas, listo... ¡Ve! - On your mark, Get set, Go!
- En tus marcas, listo... ¡Ve! - On your mark, Get set, Go!
- Mucho tiempo sin vernos - Long time, no see
- Mucho tiempo sin vernos - Long time, no see
- Eso es sólo la punta del iceberg - That's only the tip of the iceberg
- Eso es sólo la punta del iceberg - That's only the tip of the iceberg
- Definir el camino - To pave the way
- Definir el camino - To pave the way
- Romper el hielo - To break the ice
- Romper el hielo - To break the ice
- Beber como un pez - To drink like a fish
- Beber como un pez - To drink like a fish
- Nunca juzgues a un libro por su portada -Never judge a book by its cover
- Nunca juzgues a un libro por su portada -Never judge a book by its cover

Tiempo y Medidas

- Hay siete días en una semana. - There are seven days in a week.
- Hay siete días en una semana. - There are seven days in a week.
- Hoy es sábado, 10 de Septiembre. - Today is Saturday, September 10th.
- Hoy es sábado, 10 de Septiembre. - Today is Saturday, September 10th.
- Mañana en la tarde - Tomorrow afternoon
- Mañana en la tarde - Tomorrow afternoon
- Marqué nuestro aniversario en el calendario. - I marked our anniversary on the calendar.
- Marqué nuestro aniversario en el calendario. - I marked our anniversary on the calendar.

- Duermo 8 horas todos los días. - I sleep for 8 hours every day.
- Duermo 8 horas todos los días. - I sleep for 8 hours every day.
- Tres minutos - Three minutes 81
- Tres minutos - Three minutes
- El reloj dice que son las doce menos ocho minutos. -The clock reads eight minutes to twelve.
- El reloj dice que son las doce menos ocho minutos. -The clock reads eight minutes to twelve.
- No hace mucho - Not long ago
- No hace mucho - Not long ago
- Poco después - Shortly after
- Poco después - Shortly after
- He estado esperando por 3 horas - I've been waiting for 3 hours
- He estado esperando por 3 horas - I've been waiting for 3 hours
- He estado esperando desde las 3 en punto - I've been waiting since 3 o'clock
- He estado esperando desde las 3 en punto - I've been waiting since 3 o'clock
- ¿Cuánto tiempo ha estado lloviendo? - How long has it been raining?
- ¿Cuánto tiempo ha estado lloviendo? - How long has it been raining?
- Ha estado lloviendo por una hora - It's been raining for an hour
- Ha estado lloviendo por una hora - It's been raining for an hour
- ¿Hace cuánto tiempo que conoces a Olivia? - How long have you known Olivia?
- ¿Hace cuánto tiempo que conoces a Olivia? - How long have you known Olivia?
- La conozco hace mucho tiempo - I've known her for a long time
- La conozco hace mucho tiempo - I've known her for a long time

- Hemos sido amigos/as desde 2013 - We've been friends since 2013
- Hemos sido amigos/as desde 2013 - We've been friends since 2013
- En unos 2 años - In about 2 years
- En unos 2 años - In about 2 years
- Al final del siglo - At the turn of the century
- Al final del siglo - At the turn of the century
- Alrededor de los 80's y los 90's - Straddling the 80's & the 90's
- Alrededor de los 80's y los 90's - Straddling the 80's & the 90's
- En unos 2 meses - In about 2 months
- En unos 2 meses - In about 2 months
- Justo a tiempo - Just in time
- Justo a tiempo - Just in time
- Nunca jamás - Never ever
- Nunca jamás - Never ever
- Poco menos de una hora - A little less than an hour
- Poco menos de una hora - A little less than an hour
- Alrededor de 5 metros de largo - About 16 feet 5 inches long
- Alrededor de 5 metros de largo - About 16 feet 5 inches long
- 180 centímetros de alto - 5 feet 11 inches high
- 180 centímetros de alto - 5 feet 11 inches high
- 10 centímetros de espesor - 4 inches thick
- 10 centímetros de espesor - 4 inches thick
- 30 centímetros de ancho - 1 foot wide
- 30 centímetros de ancho - 1 foot wide 83
- Poco más de un metro de profundidad - A bit more than a meter deep
- Poco más de un metro de profundidad - A bit more than a meter deep

En una Cita

- Deberíamos salir juntos los dos alguna vez. - We should go out just us two sometime.
- Deberíamos salir juntos los dos alguna vez. - We should go out just us two sometime.
- ¿Estás libre esta noche? - Are you free tonight?
- ¿Estás libre esta noche? - Are you free tonight?
- ¿Por qué no nos vemos otra vez? - Why don't we meet again?
- ¿Por qué no nos vemos otra vez? - Why don't we meet again?
- ¿Cuál es tu número de teléfono? - What's your phone number?
- ¿Cuál es tu número de teléfono? - What's your phone number?
- ¿Te puedo invitar a cenar? - Can I invite you to dinner?
- ¿Te puedo invitar a cenar? - Can I invite you to dinner?
- Yo invito. - I'm paying.
- Yo invito. - I'm paying.
- Me agradas mucho. - I like you so much.
- Me agradas mucho. - I like you so much.
- Estoy muy halagado/a - I'm very flattered
- Estoy muy halagado/a - I'm very flattered
- ¿Quieres ser mi novia? - Do you want to be my girlfriend?
- ¿Quieres ser mi novia? - Do you want to be my girlfriend?
- Te extraño. - I miss you.
- Te extraño. - I miss you.
- Te amo, mi querido/a. - I love you, my dear.
- Te amo, mi querido/a. - I love you, my dear.
- Quisiera poder besarte ahora mismo. - I wish I could kiss you right now.
- Quisiera poder besarte ahora mismo. - I wish I could kiss you right now.
- Buen día belleza - Good morning beautiful
- Buen día belleza - Good morning beautiful
- Captaste mi atención de inmediato. - You caught my eye right away.

- Captaste mi atención de inmediato. - You caught my eye right away.
- ¡Te amo! - I love you!
- ¡Te amo! - I love you!
- Lo eres todo para mí - You are everything to me
- Lo eres todo para mí - You are everything to me
- Te quiero. - I want you.
- Te quiero. - I want you.
- ¡Cásate conmigo! - Marry me!
- ¡Cásate conmigo! - Marry me!
- ¡Eres el hombre/la mujer de mis sueños! - You're the man/woman of my dreams!
- ¡Eres el hombre/la mujer de mis sueños! - You're the man/woman of my dreams!
- Eres increíble - You're incredible
- Eres increíble - You're incredible
- Siempre estoy pensando en tí. - I'm always thinking about you.
- Siempre estoy pensando en tí. - I'm always thinking about you.
- Estoy loco/a por tí - I'm crazy about you
- Estoy loco/a por tí - I'm crazy about you
- ¿Puedes decirme más sobre tí? - Can you tell me more about you?
- ¿Puedes decirme más sobre tí? - Can you tell me more about you?
- ¿Estás casado/a? - Are you married?
- ¿Estás casado/a? - Are you married?
- Estoy soltero/a - I'm single
- Estoy soltero/a - I'm single
- Estoy casado/a - I'm married
- Estoy casado/a - I'm married
- Lo siento, no estoy interesado/a. Tengo novio/a - Sorry, I'm not interested. I have a boy/girlfriend
- Lo siento, no estoy interesado/a. Tengo novio/a - Sorry, I'm not interested. I have a boy/girlfriend
- ¿Puedo tener tu email? - Can I have your email?
- ¿Puedo tener tu email? - Can I have your email?

- ¿Tienes hijos/as? - Do you have children?
- ¿Tienes hijos/as? - Do you have children?
- Eres mi alma gemela. - You are my soul mate.
- Eres mi alma gemela. - You are my soul mate.
- Has cambiado mi vida. - You changed my life.
- Has cambiado mi vida. - You changed my life.
- No puedo vivir sin tí - I can't live without you
- No puedo vivir sin tí - I can't live without you
- Me estoy enamorando de tí. - I'm falling in love with you.
- Me estoy enamorando de tí. - I'm falling in love with you.
- ¡Abrázame! - Embrace me!
- ¡Abrázame! - Embrace me!
- Nunca podría dejar de amarte. - I could never stop loving you.
- Nunca podría dejar de amarte. - I could never stop loving you.
- Quiero hacerte el amor. - I want to make love to you.
- Quiero hacerte el amor. - I want to make love to you.
- Haría todo por tí. - I would do everything for you.
- Haría todo por tí. - I would do everything for you.
- ¿Ella ha coqueteado contigo? - Did s/he hit on you?
- ¿Ella ha coqueteado contigo? - Did s/he hit on you?
- Hacerse el difícil - To play hard to get
- Hacerse el difícil - To play hard to get
- Gustar de una persona - To have a crush on
- Gustar de una persona - To have a crush on
- Te recogeré a las ... - I'll pick you up at ...
- Te recogeré a las ... - I'll pick you up at ...
- Amigos con beneficios - Friends with benefits
- Amigos con beneficios - Friends with benefits
- Ella quedó maravillada - She got swept off her feet
- Ella quedó maravillada - She got swept off her feet
- Quiero decirte cómo me siento respecto a tí - I want to tell you how I feel about you.
- Quiero decirte cómo me siento respecto a tí - I want to tell you how I feel about you.
- ¿Quisieras salir a cenar conmigo? -Would you like to go out to dinner with me?

- ¿Quisieras salir a cenar conmigo? -Would you like to go out to dinner with me?
- ¿A qué hora deberíamos vernos mañana? - What time shall we meet tomorrow?
- ¿A qué hora deberíamos vernos mañana? - What time shall we meet tomorrow?
- Te ves estupendo. - You look great.
- Te ves estupendo. - You look great.
- ¿Deberíamos ir a otro lugar? - Shall we go somewhere else?
- ¿Deberíamos ir a otro lugar? - Shall we go somewhere else?
- Te llevaré en auto a casa. - I will drive you home.
- Te llevaré en auto a casa. - I will drive you home.
- Fue una noche fantástica. - That was a great evening.
- Fue una noche fantástica. - That was a great evening.
- Te llamaré. - I'll call you.
- Te llamaré. - I'll call you.
- Cena a la luz de las velas - candlelit dinner
- Cena a la luz de las velas - candlelit dinner
- Tomar una caminata larga - Go for a long walk
- Tomar una caminata larga - Go for a long walk
- Caminata por la playa - Walk on the beach
- Caminata por la playa - Walk on the beach
- Tener un picnic - Have a picnic
- Tener un picnic - Have a picnic
- Cocinar una comida juntos - Cook a meal together
- Cocinar una comida juntos - Cook a meal together
- Cenar y ver una película - Have dinner and see a movie
- Cenar y ver una película - Have dinner and see a movie
- ¿Serías mi San Valentín? - Will you be my Valentine?
- ¿Serías mi San Valentín? - Will you be my Valentine?
- Pienso en tí como más que un amigo/ una amiga. - I think of you as more than a friend.
- Pienso en tí como más que un amigo/ una amiga. - I think of you as more than a friend.

- Cien corazones serían muy pocos para contener todo el amor que tengo hacia tí. - A hundred hearts would be too few to carry all my love for you.
- Cien corazones serían muy pocos para contener todo el amor que tengo hacia tí. - A hundred hearts would be too few to carry all my love for you.
- Me haces querer ser mejor hombre. - You make me want to be a better man.
- Me haces querer ser mejor hombre. - You make me want to be a better man.
- Estamos destinados a estar juntos. - We were meant to be together.
- Estamos destinados a estar juntos. - We were meant to be together.
- Tenemos que hablar. - We need to talk.
- Tenemos que hablar. - We need to talk.
- No eres tú. Soy yo. - It's not you. It's me.
- No eres tú. Soy yo. - It's not you. It's me.
- Simplemente no estoy listo/a para este tipo de relación. - I'm just not ready for this kind of relationship.
- Simplemente no estoy listo/a para este tipo de relación. - I'm just not ready for this kind of relationship.
- Creo que necesitamos darnos un tiempo. - I think we need a break.
- Creo que necesitamos darnos un tiempo. - I think we need a break.
- Mereces algo mejor. - You deserve better.
- Mereces algo mejor. - You deserve better.
- Deberíamos empezar a ver a otra gente. - We should start seeing other people.
- Deberíamos empezar a ver a otra gente. - We should start seeing other people.
- Necesito mi espacio. - I need my space.
- Necesito mi espacio. - I need my space.
- Creo que estamos avanzando demasiado rápido. - I think we're moving too fast.
- Creo que estamos avanzando demasiado rápido. - I think we're moving too fast.

- Necesito enfocarme en mi carrera. - I need to focus on my career.
- Necesito enfocarme en mi carrera. - I need to focus on my career.
- No soy lo suficientemente bueno/a para tí. - I'm not good enough for you.
- No soy lo suficientemente bueno/a para tí. - I'm not good enough for you.
- Simplemente ya no te amo. - I just don't love you anymore.
- Simplemente ya no te amo. - I just don't love you anymore.
- Simplemente no somos el uno para el otro. - We're just not right for each other.
- Simplemente no somos el uno para el otro. - We're just not right for each other.
- Es para mejor. - It's for the best.
- Es para mejor. - It's for the best.
- Nos hemos vuelto distantes. - We've grown apart.
- Nos hemos vuelto distantes. - We've grown apart.

En la Oficina de Correos

¿Podría darme un sobre, por favor? - Could I have an envelope, please?
- ¿Podría darme un sobre, por favor? - Could I have an envelope, please?
- ¿Donde está el buzón? - Where's the postbox?
- ¿Donde está el buzón? - Where's the postbox?
- Quisiera enviar esta carta a … - I'd like to send this letter to …
- Quisiera enviar esta carta a … - I'd like to send this letter to …
- ¿La oficina de correos está abierta mañana? - Is the post office open tomorrow?
- ¿La oficina de correos está abierta mañana? - Is the post office open tomorrow?

- ¿A qué hora es la próxima colecta? - What time is the next collection?
- ¿A qué hora es la próxima colecta? - What time is the next collection?
- ¿Me pesaría este paquete, por favor?. - Will you weigh this parcel for me, please.
- ¿Me pesaría este paquete, por favor?. - Will you weigh this parcel for me, please.
- Tome un número y póngase en la fila. - Take a number and get in line.
- Tome un número y póngase en la fila. - Take a number and get in line.
- Me gustaría enviar un paquete por correo rápido. -I would like to send a parcel by express mail.
- Me gustaría enviar un paquete por correo rápido. -I would like to send a parcel by express mail.

En el Banco

Quisiera abrir una cuenta de banco. - I'd like to open a bank account.
- Quisiera abrir una cuenta de banco. - I'd like to open a bank account.
- ¿Puedo obtener una chequera? - Can I have a checkbook?
- ¿Puedo obtener una chequera? - Can I have a checkbook?
- ¿Puedo hacer una transferencia? - Can I make a transfer?
- ¿Puedo hacer una transferencia? - Can I make a transfer?
- Mi tarjeta de crédito no funciona. - My credit card does not work.
- Mi tarjeta de crédito no funciona. - My credit card does not work.

- ¿Dónde puedo conseguir un estado de cuenta? - Where can I get a bank statement?
- ¿Dónde puedo conseguir un estado de cuenta? - Where can I get a bank statement?
- Quisiera cobrar este cheque en mi cuenta. -I'd like to cash this check on my account.
- Quisiera cobrar este cheque en mi cuenta. -I'd like to cash this check on my account.
- ¿Cuál es la tasa de interés? - What is the interest rate?
- ¿Cuál es la tasa de interés? - What is the interest rate?
- ¿Puedo obtener el beneficio de descuento para gente joven? - Can I take advantage of the discount for young people?
- ¿Puedo obtener el beneficio de descuento para gente joven? - Can I take advantage of the discount for young people?
- Retirar dinero. - Withdraw money.
- Retirar dinero. - Withdraw money.
- Necesito un préstamo. - I need a loan.
- Necesito un préstamo. - I need a loan

Negocios

¿Cuál es el código de vestimenta? - What's the dress code?
- ¿Cuál es el código de vestimenta? - What's the dress code?
- ¿La reunión es puntual? - Is the meeting on time?
- ¿La reunión es puntual? - Is the meeting on time?
- ¿Estás abierto/a a negociar? - Are you open to negotiation?
- ¿Estás abierto/a a negociar? - Are you open to negotiation?
- ¿Aceptarías un pequeño regalo? - Would you accept a small gift?

- ¿Aceptarías un pequeño regalo? - Would you accept a small gift?
- Lo lamento, tengo que tomar esta llamada - Sorry, I have to take this call
- Lo lamento, tengo que tomar esta llamada - Sorry, I have to take this call
- Déjame hacer el primer brindis - Let me make the first toast
- Déjame hacer el primer brindis - Let me make the first toast
- Hablemos de negocios - Let's get down to business
- Hablemos de negocios - Let's get down to business
- ¡Brindemos por nuestro nuevo proyecto! - Cheers then, to our new project!
- ¡Brindemos por nuestro nuevo proyecto! - Cheers then, to our new project!
- La fecha límite para el proyecto se está acercando - The deadline for the project is coming up
- La fecha límite para el proyecto se está acercando - The deadline for the project is coming up
- ¿Cuánto costaría este proyecto? - How much would this project cost?
- ¿Cuánto costaría este proyecto? - How much would this project cost?
- ¿Podría tener tu tarjeta de negocios? - Could I have your business card?
- ¿Podría tener tu tarjeta de negocios? - Could I have your business card?
- Quisiera tomarme una semana libre en Agosto. - I'd like to take a week off in August.
- Quisiera tomarme una semana libre en Agosto. - I'd like to take a week off in August.
- I quit - Renuncio.
- I quit - Renuncio.
- La gente para la que trabajo - The people I work for
- La gente para la que trabajo - The people I work for
- La compañía para la que trabajo - The company I work for

- La compañía para la que trabajo - The company I work for
- Ella tiene muchos trabajos diferentes. - She has many different jobs.
- Ella tiene muchos trabajos diferentes. - She has many different jobs.
- Él no asistió al trabajo hoy. - He didn't show up to work today.
- Él no asistió al trabajo hoy. - He didn't show up to work today.
- Trabajar horas extras - To work overtime
- Trabajar horas extras - To work overtime
- ¿Cómo te interesaste en este campo? - How did you get interested in this field?
- ¿Cómo te interesaste en este campo? - How did you get interested in this field?
- ¿Cómo llegaste a esa línea de trabajo? - How'd you get into that line of work?
- ¿Cómo llegaste a esa línea de trabajo? - How'd you get into that line of work?
- Revisar un manuscrito - Revise a manuscript
- Revisar un manuscrito - Revise a manuscript
- Revisar el horario - Revise the schedule
- Revisar el horario - Revise the schedule
- No podría trabajar para un jefe. - I couldn't work for a boss.
- No podría trabajar para un jefe. - I couldn't work for a boss.
- Lancé mi negocio porque quería más libertad. - I launched my business because I wanted more freedom.
- Lancé mi negocio porque quería más libertad. - I launched my business because I wanted more freedom.
- Soy freelancer. - I am a freelancer.
- Soy freelancer. - I am a freelancer.
- La mejor parte de tener un negocio es... - The best part of having a business is...
- La mejor parte de tener un negocio es... - The best part of having a business is...

- La peor parte de tener un negocio es... - The worst part of having a business is...
- La peor parte de tener un negocio es... - The worst part of having a business is...

En la Peluquería

¿Tienes una cita? - Do you have an appointment?
- ¿Tienes una cita? - Do you have an appointment?
- Quiero cortar mi pelo corto por favor. - I want to cut my hair short please.
- Quiero cortar mi pelo corto por favor. - I want to cut my hair short please.
- ¿Puedes por favor sentarte en esa silla de salón? - Can you please sit in that salon chair?
- ¿Puedes por favor sentarte en esa silla de salón? - Can you please sit in that salon chair?
- ¿Puedes darme un masaje con aceite, también? - Can you give me an oil massage, too?
- ¿Puedes darme un masaje con aceite, también? - Can you give me an oil massage, too?
- ¿Cómo te gustaría que corte tu cabello - How would you like your hair cut?
- ¿Cómo te gustaría que corte tu cabello - How would you like your hair cut?
- ¿Qué debería hacer con tu flequillo? - What should I do with your bangs?
- ¿Qué debería hacer con tu flequillo? - What should I do with your bangs?
- ¿Cuántos centímetros quisieras que corte? - How many centimeters would you like off?
- ¿Cuántos centímetros quisieras que corte? - How many centimeters would you like off?
- Tener un corte en capas - To get a layered cut
- Tener un corte en capas - To get a layered cut
- Cortar las puntas secas - To cut off the split ends

- Cortar las puntas secas - To cut off the split ends
- Quisiera un flequillo. - I would like bangs.
- Quisiera un flequillo. - I would like bangs.
- Quisiera reflejos que se vean naturales - I would like natural looking highlights
- Quisiera reflejos que se vean naturales - I would like natural looking highlights
- Corta sólo un poco las puntas. - Cut just a bit off the top.
- Corta sólo un poco las puntas. - Cut just a bit off the top.
- Divido mi pelo a la izquierda - I part my hair on the left
- Divido mi pelo a la izquierda - I part my hair on the left

Emergencias/ Medicina

- Necesito ver a un doctor - I need to see a doctor
- Necesito ver a un doctor - I need to see a doctor
- No me siento bien - I don't feel well
- No me siento bien - I don't feel well
- ¿Hay un hospital cerca de aquí? - Is there a hospital near here?
- ¿Hay un hospital cerca de aquí? - Is there a hospital near here?
- Llévame al hospital por favor - Take me to the hospital please
- Llévame al hospital por favor - Take me to the hospital please
- Me duele aquí - It hurts here
- Me duele aquí - It hurts here
- Necesito algo de medicina - I need some medicine
- Necesito algo de medicina - I need some medicine
- Estoy teniendo problemas con el corazón. - I am having trouble with my heart.
- Estoy teniendo problemas con el corazón. - I am having trouble with my heart.
- Estoy teniendo problemas con mi respiración. - I am having trouble with my breathing.

- Estoy teniendo problemas con mi respiración. - I am having trouble with my breathing.
- Me han robado. - I have been robbed.
- Me han robado. - I have been robbed.
- Call the police. - Call the police.
- Call the police. - Call the police.
- ¡Alto! ¡Ladrón! - Stop! Thief!
- ¡Alto! ¡Ladrón! - Stop! Thief!
- Perdí mi cartera. - I lost my bag.
- Perdí mi cartera. - I lost my bag.
- Perdí mi billetera. - I lost my wallet.
- Perdí mi billetera. - I lost my wallet.
- ¿Puedo usar tu teléfono? - Can I use your phone?
- ¿Puedo usar tu teléfono? - Can I use your phone?
- Me he lastimado. - I've been injured.
- Me he lastimado. - I've been injured.
- ¿Estoy bajo arresto? - Am I under arrest?
- ¿Estoy bajo arresto? - Am I under arrest?
- Soy un ciudadano colombiano. - I am a Colombian citizen.
- Soy un ciudadano colombiano. - I am a Colombian citizen.
- Quiero hablar con la embajada colombiana. - I want to talk to the Colombian embassy.
- Quiero hablar con la embajada colombiana. - I want to talk to the Colombian embassy.
- Quiero hablar con un abogado. - I want to talk to a lawyer.
- Quiero hablar con un abogado. - I want to talk to a lawyer.
- Puedo sólo pagar una fianza ahora? - Can I just pay a fine now?
- Puedo sólo pagar una fianza ahora? - Can I just pay a fine now?
- ¿A dónde me estás llevando? - Where are you taking me?
- ¿A dónde me estás llevando? - Where are you taking me?

- ¿Dónde está la farmacia más cercana? - Where is the closest pharmacy?
- ¿Dónde está la farmacia más cercana? - Where is the closest pharmacy?
- Aquí está la receta para unas tabletas. - Here is a prescription for some tablets.
- Aquí está la receta para unas tabletas. - Here is a prescription for some tablets.
- Me siento mareado. - I feel dizzy.
- Me siento mareado. - I feel dizzy.
- ¿Puedes recomendar a un dentista? - Can you recommend a dentist?
- ¿Puedes recomendar a un dentista? - Can you recommend a dentist?
- Aquí está mi receta. - Here is my prescription.
- Aquí está mi receta. - Here is my prescription.
- Me siento bien ahora. - I feel alright now.
- Me siento bien ahora. - I feel alright now.
- Necesito un laxante - I need a laxative
- Necesito un laxante - I need a laxative
- Necesito antibióticos. - I'm on antibiotics.
- Necesito antibióticos. - I'm on antibiotics.
- He perdido un empaste - I've lost a filling
- He perdido un empaste - I've lost a filling
- ¿Acepta mi seguro médico? - Will you accept my medical insurance?
- ¿Acepta mi seguro médico? - Will you accept my medical insurance?
- Quedarse en la cama - Stay in bed
- Quedarse en la cama - Stay in bed
- ¿Es serio? - Is it serious?
- ¿Es serio? - Is it serious?
- Él se desmayó. - He's fainted.
- Él se desmayó. - He's fainted.
- No tengo una receta - I do not have a prescription
- No tengo una receta - I do not have a prescription
- Mi auto se rompió - My car broke down
- Mi auto se rompió - My car broke down

- Lo chocó un auto a él - He got hit by a car
- Lo chocó un auto a él - He got hit by a car
- Me chocaron por detrás - They rear-ended me
- Me chocaron por detrás - They rear-ended me
- ¡Deténgase a un lado de la carretera! - Pull over to the side of the road!
- ¡Deténgase a un lado de la carretera! - Pull over to the side of the road!
- Los autos se chocaron entre ellos - The cars crashed into each other
- Los autos se chocaron entre ellos - The cars crashed into each other
- Un conductor de golpe y fuga - A hit and run driver
- Un conductor de golpe y fuga - A hit and run driver

Escuela/ Estudios

¿En qué materia te va mejor? - What subject is your best?
- ¿En qué materia te va mejor? - What subject is your best?
- ¿Cuál es tu materia favorita? - What subject do you most like?
- ¿Cuál es tu materia favorita? - What subject do you most like?
- Soy bueno/a en química. - I am good at Chemistry.
- Soy bueno/a en química. - I am good at Chemistry.
- Soy muy malo/a en física. - I am very bad at Physics.
- Soy muy malo/a en física. - I am very bad at Physics.
- Me gusta Arte. - I like Art.
- Me gusta Arte. - I like Art.
- ¿Cuántos alumnos hay en tu escuela? -How many pupils are there in your school?
- ¿Cuántos alumnos hay en tu escuela? -How many pupils are there in your school?
- Hay 800 estudiantes en mi escuela. - There are 800 pupils in my school.

- Hay 800 estudiantes en mi escuela. - There are 800 pupils in my school.
- Mi materia favorita en la escuela es matemática. - My favorite subject in school is math.
- Mi materia favorita en la escuela es matemática. - My favorite subject in school is math.
- Responde el problema matemático. - Answer the math problem.
- Responde el problema matemático. - Answer the math problem.
- Estoy tomando una clase de alemán y otra de matemática. - I'm taking a class in German and one in mathematics.
- Estoy tomando una clase de alemán y otra de matemática. - I'm taking a class in German and one in mathematics.
- ¿Qué página? - What page?
- ¿Qué página? - What page?
- ¿Cómo deletreas...? - How do you spell...?
- ¿Cómo deletreas...? - How do you spell...?
- No tengo la actividad - I don't have the activity
- No tengo la actividad - I don't have the activity
- No tengo el libro - I don't have the book
- No tengo el libro - I don't have the book

Entendiendo Señales/ Carteles

En venta - For sale
- En venta - For sale
- Sala de espera - Waiting room
- Sala de espera - Waiting room
- La caja registradora - The cash desk
- La caja registradora - The cash desk
- En un sentido - One way
- En un sentido - One way
- No fumar - No smoking

- No fumar - No smoking
- Días de trabajo - Working days
- Días de trabajo - Working days
- Domingos y feriados - Sundays and public holidays
- Domingos y feriados - Sundays and public holidays
- Plataforma de tren - Train platform
- Plataforma de tren - Train platform
- Este es el tren regional que va a Connecticut - This is the regional train going to Connecticut
- Este es el tren regional que va a Connecticut - This is the regional train going to Connecticut
- Para en todas las estaciones - Stops at all the stations
- Para en todas las estaciones - Stops at all the stations

Esquí

Soy un principiante - I am a beginner
- Soy un principiante - I am a beginner
- Tengo nivel intermedio - I am an intermediate
- Tengo nivel intermedio - I am an intermediate
- Soy un experto - I am an expert
- Soy un experto - I am an expert
- Lo lamento, todavía estoy aprendiendo - Sorry, I'm still learning
- Lo lamento, todavía estoy aprendiendo - Sorry, I'm still learning
- Estoy perdido - I am lost
- Estoy perdido - I am lost

Día en la Playa

- Darse un chapuzón - Take a dip
- Darse un chapuzón - Take a dip
- Tomarse una siesta - Squeeze in a nap

- Tomarse una siesta - Squeeze in a nap
- Construír un castillo de arena - Build a sandcastle
- Construír un castillo de arena - Build a sandcastle
- Mirar el atardecer - Watch the sunset
- Mirar el atardecer - Watch the sunset
- Pasar tiempo con amigos - Spend time with friends
- Pasar tiempo con amigos - Spend time with friends

Hablando de la Casa

- Vivimos en el primer piso. - We live on the first floor.
- Vivimos en el primer piso. - We live on the first floor.
- El edificio es muy viejo. - The building is very old.
- El edificio es muy viejo. - The building is very old.
- No hay ascensor - There's no elevator.
- No hay ascensor - There's no elevator.
- ¡Acabamos de comprar una nueva casa! - We just bought a new house!
- ¡Acabamos de comprar una nueva casa! - We just bought a new house!
- Nos acabamos de mudar a una nueva casa - We just moved to a new house
- Nos acabamos de mudar a una nueva casa - We just moved to a new house
- La casa tiene dos habitaciones y dos baños y medio. - The house has two bedrooms and one a half baths.
- La casa tiene dos habitaciones y dos baños y medio. - The house has two bedrooms and one a half baths.
- Vamos, déjame darte un tour. - Come on, let me give you a tour.
- Vamos, déjame darte un tour. - Come on, let me give you a tour.
- ¡Esta habitación será mi oficina! - This room will be my office!

- ¡Esta habitación será mi oficina! - This room will be my office!
- La cocina es mi habitación favorita. - The kitchen is my favorite room.
- La cocina es mi habitación favorita. - The kitchen is my favorite room.
- Paso mucho tiempo en el jardín. - I spend a lot of time in the garden.
- Paso mucho tiempo en el jardín. - I spend a lot of time in the garden.
- Vamos a pintar la siguiente semana. - We're going to paint next week.
- Vamos a pintar la siguiente semana. - We're going to paint next week.
- Vamos a la cocina. - Let's go to the kitchen.
- Vamos a la cocina. - Let's go to the kitchen.

www.ingramcontent.com/pod-product-compliance
Lightning Source LLC
Chambersburg PA
CBHW070438010526
44118CB00014B/2103